Pourquoi nous ne dormons pas ?

Darian Leader

Pourquoi nous ne dormons pas ?

Traduit de l'anglais
par François Cusset

Albin Michel

Édition originale anglaise parue sous le titre :
WHY CAN'T WE SLEEP ?,
publiée par Hamish Hamilton à Londres en 2019

Pour Imre et Janet

Sommaire

Introduction

Sommeil à vendre

« Je suis un très bon dormeur[1] », écrit Freud dans *L'Interprétation du rêve.* Tout le monde n'a pas cette chance. Au moins un adulte sur trois se plaint d'un manque de sommeil, et la prescription de somnifères s'est envolée au cours des dernières décennies. On trouve des consultations du sommeil, chose si rare hier, au sein de la plupart des grands hôpitaux et, aux États-Unis, jusque dans les spas et les centres commerciaux. Les gens avalent des comprimés non seulement pour dormir, mais aussi pour rester éveillés dans la journée qui suit, de même que nous sommes nombreux à compter sur le café et les boissons énergisantes pour maintenir un état d'éveil artificiel pendant les heures du jour. Après avoir été longtemps conçu comme un état naturel, le sommeil est devenu une sorte de marchandise, une chose qu'il faut se battre pour acquérir et qu'on n'est jamais vraiment sûr de posséder.

Il ne se passe pas un jour sans que journaux, sites web ou émissions télévisées ne s'intéressent à un nouvel aspect de ces histoires de sommeil : combien il nous en faut, ce qu'il se passe quand nous n'en avons pas assez, le manque à gagner pour le système économique d'employer des travailleurs fatigués, etc. Les experts du sommeil prodiguent leurs conseils et leurs opinions comme s'ils avaient trouvé la pierre philosophale. On présente des dimensions fondamentales de la condition humaine telles que l'angoisse, la tristesse ou l'échec comme les conséquences d'un manque de sommeil. Par exemple, au lieu de voir l'insomnie comme le résultat d'un état dépressif, on inverse la causalité : nous sommes déprimés parce que nous dormons mal.

Des faits connus depuis plus d'un siècle nous sont vendus aujourd'hui comme des découvertes scientifiques de pointe[2]. Au XIXe siècle, on prêtait une grande attention au rapport entre le sommeil et la mémoire, mais les théories anciennes font retour aujourd'hui comme si on venait juste de les mettre au point. Toute cette excitation autour de la science du sommeil va sans doute retomber dans les années à venir, mais on peut quand même se demander pourquoi on y a droit maintenant. Sommes-nous à ce point à court d'explication générale pour nos malheurs qu'il faille les renvoyer au seul versant de la vie humaine qui ne peut pas répondre ? Ou bien s'agit-il vraiment d'une épidémie nouvelle de problèmes de sommeil, liée aux vies en réseau(x) que nous menons tous dorénavant ?

Pendant qu'on est au lit, les emails, les sms et les messages des réseaux sociaux continuent de s'accumuler, comme s'il n'y avait aucune limite aux demandes qui nous proviennent du monde extérieur. Beaucoup de gens vérifient leur téléphone juste avant de se coucher – parfois même pendant la nuit – et de nouveau à l'instant du réveil. La science du sommeil nous explique que la lumière bleue de nos écrans va perturber le processus d'endormissement, mais l'effet sur nous de ces demandes incessantes est sûrement bien pire. Elles ne nous laissent aucun répit. En permanence, des choses nous sont demandées, montrées, racontées, imposées – et si on ne fait pas ce qui nous est demandé, les rappels à l'ordre eux aussi seront permanents. Un peu comme avec le mode veille de nos téléphones, qui n'est qu'une certaine façon de les laisser allumés, nous n'arrivons jamais vraiment à éteindre.

Est-ce à dire qu'il y aurait urgence, justement, à *s'éteindre* ? Ce qu'il y a d'ironique, dans cette affaire, c'est qu'on souffre d'autant plus de cette déferlante de demandes incessantes que le sommeil lui-même est venu s'ajouter à la liste. Un peu comme si le courant électrique traversant une ampoule allumée imposait à cette ampoule l'ordre de s'éteindre. Le conseil qui nous est donné d'interrompre enfin les flux ne fait qu'enfler le flux constant de messages et de conseils qui nous sont adressés. Les spas et les centres de remise en forme étaient hier des lieux où une poignée de privilégiés venaient trouver l'apaisement ; aujourd'hui, c'est le sommeil qui joue ce rôle, partout promu comme le refuge individuel par excellence.

Il faut dire que son potentiel économique est substantiel. Car si les spas étaient réservés à une élite, le sommeil concerne tout le monde, les riches comme les pauvres. Les réclames pour les matelas, rarissimes autrefois, envahissent aujourd'hui les pages de publicité à la télévision et les bandeaux publicitaires sur le web, tandis que l'industrie du sommeil rapportait en 2019 76,7 billions de dollars à travers le monde[3]. Et là où, dans les années 1950, une étude publiée par l'université d'Édimbourg pouvait estimer qu'on dormirait à peu près la même durée sur un bon matelas à ressorts et sur une vulgaire planche de bois[4], aujourd'hui on nous vend l'ennuyeux parallélépipède comme l'indispensable clé des songes. Si vous êtes insomniaque, ne cherchez pas ce qui vous préoccupe la nuit, c'est sûrement que votre matelas n'est pas le modèle *ad hoc*.

C'est parce qu'on met sur nous une telle pression pour bien dormir que l'industrie du matelas est aujourd'hui si florissante. De même que les médias nous disent à longueur de journée ce qu'il faudrait manger et quels sports pratiquer, les consignes ne cessent pas non plus pour nous dire quand et comment dormir au mieux. Et plus se répandent ces nouvelles normes du bon sommeil, plus y déroger relève désormais du « désordre », voire de la « maladie ». Il y a quelques décennies, on dénombrait seulement une poignée de troubles du sommeil ; on en répertorie aujourd'hui au moins soixante-dix. Plus de types de troubles, c'est plus de remèdes à inventer, plus d'experts pour en parler, plus de profits à en tirer.

Ce qui passe à la trappe, ici, est à la fois évident et invisible. On nous transmet mille informations sur la meilleure façon de dormir, mais aucune sur la façon de traiter pareilles informations : si je lis un article qui m'explique pourquoi il est essentiel pour la santé de dormir huit heures et ce qu'il faut faire pour y arriver, la pression qu'il exerce sur moi pour que j'atteigne un sommeil optimal ne va-t-elle pas contribuer à m'empêcher de dormir ? C'est précisément ce que nous racontent les insomniaques : plus il leur est demandé de se concentrer sur leur sommeil, plus cette pensée elle-même va les tenir en éveil. Ce qui n'empêche pas notre monde d'être celui d'une injonction permanente à vivre sainement, à optimiser nos corps, à conquérir le sommeil le plus profond et le plus réparateur possible.

Au réveil, c'est cette injonction qui nous accueille, dès qu'on calcule le temps qu'on a réussi à dormir. Pour ceux qui croient à l'évolution humaine, voilà qui donne à réfléchir : alors qu'il y a quelques siècles on se serait réveillé pour se mettre aux tâches de la journée, aujourd'hui on regarde l'heure à l'instant de se réveiller, pour mesurer notre temps de sommeil à l'aune d'une norme. Et plus la norme s'imposera, plus il y aura de gens qui n'arriveront pas à s'y conformer. La différence, qu'on célèbre partout ailleurs, n'est pas de mise ici, puisque les variations dans le type ou la durée de sommeil sont devenues des *troubles* du sommeil. Si bien que beaucoup de gens se réveillent désormais avec un sentiment d'échec. Ils commencent leur journée par une sentence intérieure qui leur reproche une tâche non accomplie, et se demandent avec inquiétude comment ils vont en être affectés.

On entend ici comme un curieux écho : ces petits calculs que l'on fait de nos chances de salut et de nos parts de culpabilité, ces calculs auxquels nous incitent les nouvelles normes de santé, ne sont pas sans évoquer le rôle de l'Église jadis dans la vie de ses ouailles. De même que les dogmes de l'Église avaient hier un impact direct sur les façons de vivre, leurs règles de comportement et leurs jugements moraux des effets concrets sur la chair aussi bien que sur la psyché, aujourd'hui, nous conformons nos manières de vivre et de penser aux dogmes de la science biomédicale, devenue le système de croyances dominant en Occident. Ces dogmes décident, dans une large mesure, des fruits et légumes que nous mangeons, des exercices physiques que nous pratiquons et de notre façon de dormir. Et là où l'Église comptabilisait péchés et transgressions, nous comptons soigneusement nos graines, la distance parcourue en courant, le nombre de nos pas quotidiens et de nos heures de sommeil.

Tout comme les théologiens pinaillaient sans fin pour quantifier les péchés, on réévalue sans cesse aujourd'hui les doses et les seuils – vitamines, fruits quotidiens, cholestérol dans le sang et temps de sommeil[5]. Sans même parler du bien-fondé de ces calculs, ne témoignent-ils pas d'une vieille volonté de circonscrire le corps avec des chiffres ? N'apprécions-nous pas, hier comme aujourd'hui, qu'un chiffre bien net serve de ligne de démarcation entre la santé et la maladie, entre le Bien et le Mal ? Le problème, c'est qu'en bardant le corps de chiffres, on donne un poids de vérité à tous ces préceptes, même si on est toujours amené, ensuite, à les réviser et les redéfinir.

On a par exemple passé des années à nous répéter qu'il fallait manger cinq fruits et légumes par jour, avant que des recherches plus récentes prétendent qu'il en faudrait dix[6]. Sauf qu'il y a une sacrée différence entre cinq et dix. Mais des révisions d'une telle amplitude n'empêchent pas les gens de faire une confiance intacte au savoir scientifique, alors même que l'histoire des sciences et de la médecine n'est qu'une suite de recalculs de cette sorte, qu'il s'agisse de l'âge de l'univers, de la quantité exacte de matière grise dans le cerveau, ou du nombre de neurones comparé à celui des cellules névrogliques – autant d'exemples dans lesquels les chiffres ont au moins doublé. Imaginez qu'un beau jour les spécialistes du sommeil nous annoncent que huit était un chiffre erroné, et qu'il nous fallait en fait seize heures de sommeil par nuit.

Huit est bien un chiffre magique. Quotient de la division par trois de vingt-quatre, lié depuis des siècles à la question du sommeil, c'est le chiffre recommandé aussi bien par Maïmonide que par le roi des Anglo-Saxons Alfred le Grand. La fameuse horloge-bougie inventée par ce dernier à la fin du IXe siècle permettait de diviser la journée en trois tiers : le premier pour la lecture, l'écriture et la prière, le deuxième pour s'occuper des affaires du royaume et le dernier pour le « rafraîchissement du corps ». Il n'en reste pas moins que, comme l'écrivait un médecin du XVIe siècle, « les anciens savants ont beau recommander à tous les hommes huit heures de sommeil en été et neuf en hiver, le sommeil est plutôt variable comme le caractère de chacun[7] ». On a toujours admis, de fait, les variations individuelles, du moins jusqu'à la période récente, où la norme du chiffre unique en est venue à nourrir et exacerber nos inquiétudes à tous.

Non seulement on exige de nous huit heures de sommeil, mais le chiffre magique sert aussi à vendre les lits sur lesquels nous dormons. Comme le rappelle un chroniqueur du *New York Times*, là où les matelas étaient hier d'« anonymes rectangles blancs », ils sont devenus des « machines de bien-être et de santé intégrée[8] ». Personne ne s'était jamais vraiment soucié de changer ces pavés encombrants à intervalles réguliers, désormais on nous incite à le faire… tous les huit ans ! Ce chiffre mis en avant récemment par une campagne de marketing ne reprend pas par hasard celui qui est censé conditionner notre temps de sommeil. De même que se préparer à se coucher parce qu'on est fatigué n'est peut-être rien d'autre que se sentir fatigué parce qu'on se prépare à se coucher, de même le chiffre synonyme d'une bonne nuit de sommeil peut être aussi l'alerte nous prévenant que le moment est venu d'acheter un nouveau matelas.

La science contemporaine du sommeil exploite soigneusement ce genre de conditionnement, à coup de chiffres magiques et de faux scientisme, en les passant bien sûr sous silence. Articles et livres savants vont détailler, par exemple, l'effet d'obstruction de l'alcool, et affirmer qu'un petit verre au moment du coucher est l'ennemi du bon sommeil plutôt que son allié. Quid, alors, du lien que font souvent les buveurs entre l'alcool et le sommeil ? Mais on oublie qu'il y a conditionnement, et qu'il peut aller loin, alors que la même science du sommeil n'hésite pas à proposer, pour lutter contre l'insomnie, des thérapies cognitives basées sur ces mêmes formes de conditionnement. Efficaces chez beaucoup de gens, ces thérapies consistent à associer certains modes de comportement avec l'endormissement.

Curieusement, alors que les guides de bonnes pratiques d'hygiène des années 1950 assuraient que tout le monde avait besoin de huit heures de sommeil, les ouvrages scientifiques populaires des années 1960 se sont mis à n'y voir, selon l'expression du pionnier William Dement, qu'une « énorme erreur[9] » et à la tourner en ridicule. Comme le soulignaient en 1968 deux spécialistes américains du sommeil, « dans la mesure où tellement de facteurs différents codéterminent le déclenchement, la quantité et la profondeur du sommeil chez chaque individu, le médecin n'a pas à exiger systématiquement de ses patients qu'ils se couchent tôt, s'endorment rapidement ou s'en tiennent à la règle du bon nombre d'heures de sommeil, et à donner à ces exigences la forme d'un schéma de traitement conventionnel. De fait, on peut aller jusqu'à dire qu'un souci excessif du sommeil et une intolérance à ses variations individuelles forment un symptôme observable chez le patient aussi bien que chez son médecin, et un symptôme aussi grave, en un sens, que le mal qu'il voulait traiter[10] ». Ces deux auteurs n'arrivaient pas à croire qu'on puisse encore accorder foi à cette « règle des huit heures » de sommeil, et qu'on doive imaginer cette durée précise consacrée aux « délices de l'oubli », alors que c'est précisément ce que font nombre de nos hygiénistes du sommeil aujourd'hui.

Les laboratoires pharmaceutiques multiplient les encarts publicitaires pour prévenir les gens qu'ils ont peut-être un trouble et besoin d'un traitement s'ils ne font pas leurs heures de sommeil, s'ils manquent d'énergie pour faire ce qu'ils ont à faire – comme de passer du temps avec leur famille ou d'atteindre leurs objectifs au travail –, ou s'ils ressentent une lassitude mentale, une fatigue physique, une motivation en baisse ou des problèmes de concentration. Mais ces symptômes-là, comme le note l'historien du sommeil Matthew Wolf-Meyer, ne sont-ils pas plutôt les modalités mêmes de la vie moderne et, au-delà, de l'existence telle qu'on la mène depuis des siècles et des siècles[11] ? N'empêche : quand une publicité pour une marque de matelas interpelle le téléspectateur pour savoir s'il n'aurait pas du mal à se concentrer pendant la journée, à se souvenir de certaines choses, à parler sans clichés, eh bien, au lieu d'y voir le résultat des pressions de la vie moderne, des heures quotidiennes passées dans les transports ou des exhortations insupportables à rester « positif » au travail, cette publicité n'y voit que le signe qu'il faut changer de matelas.

Le portrait qu'on nous dresse de l'individu en manque de sommeil est en fait celui de la plupart des citadins dans nos sociétés contemporaines. Pourtant, au lieu de reconnaître les dégâts des pressions socio-économiques et de la douleur psychique, on aborde la plupart des problèmes humains par le seul prisme du sommeil idéalisé. Si tu as oublié, ou échoué, c'est juste que tu t'étais réveillé privé des bienfaits d'une bonne nuit de sommeil. L'une des histoires d'oubli les plus célèbres est celle du roi Alfred qui, pour échapper aux Vikings, s'était réfugié chez une pauvre paysanne, laquelle lui demanda de garder un œil sur ses gâteaux pendant qu'elle vaquait à ses corvées. Mais le roi laissa son esprit aller à sa guise, en oubliant sa tâche, et quand elle revint ses gâteaux étaient brûlés. Un hygiéniste du sommeil viendra peut-être nous expliquer que la distraction du roi était le résultat de ses nuits trop courtes, incapable qu'il aurait été de s'accorder les huit heures rituelles qu'il conseillait à ses sujets. S'il avait dormi assez, il aurait mieux agi, et n'aurait pas voué l'Angleterre à la malédiction des gâteaux trop cuits, qu'elle essaie depuis lors d'exorciser en regardant *MasterChef*.

1

Perdre le sommeil

La science du sommeil émerge à la fin du XIXe siècle, interrompue par la Première Guerre mondiale, avant de se développer tout au long du XXe siècle, avec une nette accélération à partir des années 1960. L'électroencéphalographie – la mesure de l'activité électrique du cerveau – a permis de distinguer plusieurs phases d'activité neuronale au cours du sommeil, bien qu'aucune théorie n'ait pu saisir vraiment ce que chacune signifiait. Le lien fait dès les années 1950, et expliqué auprès du grand public, entre le rêve et le mouvement oculaire rapide (REM) pendant le sommeil a débouché d'abord sur des recherches considérables, et la levée de fonds importants, avant que le rêve bientôt ne passe au second plan, à partir du début des années 1980. La recherche s'est alors éloignée des phénomènes psychologiques pour se concentrer sur ce qui semblait être la dimension purement physique du sommeil, sur les questions d'horloge biologique et les causes neuronales ou neurochimiques du sommeil et de ses troubles, ainsi que l'étude et le traitement de l'apnée nocturne, ces pauses respiratoires pendant le sommeil[1].

La science du sommeil aujourd'hui est bien sûr un vaste domaine de recherche, avec de nombreuses spécialités différentes, mais comparé à ce qu'elle était hier on peut y repérer deux traits majeurs. Le sommeil, d'abord, n'y est plus l'expérience d'un individu donné mais une réalité externe, entièrement objectivée. Les revues spécialisées ne citent pas les propos des patients, et l'analyse de phénomènes tels que l'insomnie ne se fait que très rarement à partir de ce qu'en disent les intéressés[2]. L'historien Kenton Kroker a même donné comme titre à son étude de la science du sommeil « Le sommeil des autres », pour bien montrer que le sommeil a été progressivement confisqué aux individus et transformé en un nouvel artefact manipulable et analysable, sans rapport aucun avec l'introspection[3].

Deuxièmement, la recherche sur le sommeil est devenue, à partir des années 1920, un partenaire clé de l'activité économique, beaucoup plus qu'elle ne l'était auparavant. Pour une large part, ce sont les grandes entreprises et l'armée qui se sont mises à financer cette recherche, et qui continuent de le faire, dans le but explicite d'optimiser l'efficacité et la productivité des travailleurs et des soldats. Il n'est pas jusqu'à l'idée d'une nuit de sommeil d'une seule traite qui ne soit une invention récente, d'après les historiens, datant d'un siècle ou deux[4]. Un rapport prescriptif au sommeil, en tout cas, s'est généralisé pendant et après la révolution industrielle, avec notamment l'instauration dans les années 1840 de la journée de travail à l'usine.

Les ouvriers étaient censés travailler entre douze et seize heures par jour, avant que ne se généralise au XXe siècle la journée de huit heures dans plusieurs sociétés occidentales.

Cette journée de huit heures paraît évidemment un luxe, si l'on peut dire, la majorité de la population mondiale restant soumise, encore aujourd'hui, à des journées de travail nettement plus longues. Les horaires de travail et de repos n'ont été calculés en fonction du bien-être de personne, mais seulement des exigences de l'usine et des processus de production imposés par chaque technologie nouvelle. Les travailleurs devaient tendre vers un seul idéal, celui d'une performance sans aucune interruption.

La croissance de secteurs entiers tels que l'industrie pétrolière ou sidérurgique, avec leur production en continu vingt-quatre heures sur vingt-quatre, requérait des travailleurs un sommeil suffisant pour fonctionner de façon optimale. Avec le boom industriel, on s'est mis à quantifier le sommeil comme un simple complément du travail, et à en calculer minutieusement le minimum requis. Nathaniel Kleitman, l'un des pionniers de la science du sommeil au XXe siècle, a publié en 1939 sa grande étude universitaire « Le sommeil et l'état de veille », avant d'en proposer un résumé vulgarisé dans le magazine économique grand public *American Business*. Le financement de son étude, à l'université de Chicago, est dû pour l'essentiel à quelques grandes entreprises, soucieuses de rendre les travailleurs le plus productifs possible. Kleitman aurait même donné à manger à des nourrissons de cinq semaines du bœuf réduit en purée parce que le leader local de la viande, Swift & Co., avait payé 10 000 dollars pour qu'il démontre que les bébés dormaient plus paisiblement l'estomac gavé de viande bovine[5].

Le sommeil ainsi analysé est quelque chose que l'on peut manipuler et fabriquer, dans le but non d'améliorer la vie des gens mais d'augmenter la productivité ou, dans le cas de l'armée, d'entraîner les soldats à supporter pendant des jours le minimum de sommeil. Pendant la guerre du Vietnam, l'armée américaine a distribué à ses soldats une grande quantité d'amphétamines pour garder les troupes en état d'éveil ; plus récemment, elle a inauguré un « programme de performance assistée » (*Continuous Assisted Performance Project*) qui vise à supprimer temporairement le besoin de sommeil par l'usage de drogues et de simulateurs électriques[6]. Nombre de spécialistes du sommeil sont ravis de toucher des sommes coquettes de la part de mécènes, ou d'organiser des ateliers pour les cadres de grandes banques sur les modalités optimales du repos et l'accès à un type de sommeil que leurs subalternes ou leurs fournisseurs n'auront, eux, jamais la chance de tester.

Même les spécialistes du sommeil le mieux intentionnés et le plus désintéressés ont pour point de repère la « performance optimale », comme si, en dernière instance, les humains n'étaient que des travailleurs qu'il faudrait faire fonctionner de la manière le plus rentable possible. Si vous n'avez pas vos huit heures de sommeil, vous resterez en dessous de vos objectifs, vous échouerez à accomplir des tâches physiques ou cognitives simples, qu'une bonne nuit de sommeil aurait rendues tellement faciles. Mais l'idée qu'une sous-performance puisse être la norme est impensable !

Quant à se fier à l'expérience du sommeil telle qu'en parle la personne concernée, il n'en est pas question – les insomniaques connaissent le problème. Une fois dans une clinique, harnaché d'électrodes qui mesurent ses ondes cérébrales, sa respiration, son pouls, ses mouvements oculaires et son activité musculaire, celui qui se plaignait d'avoir dormi « trois heures seulement » s'avère en fait avoir dormi cinq ou six heures. Même décalage quand on utilise ces instruments de mesure à la maison, entre le temps passé réellement éveillé et celui qu'on imagine avoir passé sans dormir[7]. Mais n'est-ce pas que ces deux durées sont en réalité de nature radicalement différente ?

Ce que cet équipement sophistiqué n'arrive pas à mesurer est la différence entre le temps de l'horloge et le temps subjectif. Il ne peut pas rendre compte de la durée d'éveil telle que ressentie par l'insomniaque[8]. Quand les spécialistes du sommeil nous racontent d'un sourire entendu que ce dernier surestime presque toujours le temps qu'il a passé sans dormir, ils font une erreur, car entre les deux paramètres il n'existe aucune commune mesure. La personne peut bien être convaincue qu'elle était éveillée alors qu'elle était en train de dormir, induite en erreur par la fréquence de brefs états de vigilance pendant certaines phases du sommeil[9]. Le spécialiste du sommeil ne dispose d'aucun instrument pour mesurer le temps subjectif, qui est par définition le temps que nous éprouvons, le temps au sein duquel les minutes peuvent ressembler à des heures, et les heures à des journées interminables. Les formules telles que l'« erreur d'appréciation du sommeil » (*sleep state misperception*), avec leur vernis scientifique, sont une bonne expression de cette impuissance de la science. C'est juste que le mot « sommeil » n'a pas du tout le même sens pour le chercheur et pour l'insomniaque.

Un patient raconte ses consultations fréquentes, durant plusieurs années, avec des médecins et des spécialistes du sommeil. Quand il a pu passer enfin une nuit de tests dans une clinique du sommeil, il a appris qu'il dormait en fait près de six heures, et que son désespoir à l'idée de ses nuits interminables sans dormir était donc sans fondement. Mais le lui révéler n'a servi à rien. Au lieu de le soulager, cette information a encore augmenté son angoisse. À l'écoute de ce qu'il ressentait, il est devenu clair que ce qui comptait pour lui n'était pas seulement son aptitude réelle à dormir, mais qu'on *reconnaisse* qu'il n'y arrivait pas. Il avait été élevé par une mère seule et, quand il avait à peine dix ans, elle avait commencé une liaison avec un homme ; alors il est resté éveillé chaque nuit, à l'affût du bruit, qui l'effrayait, de leur rapport sexuel. Le silence qui risquait d'être brisé d'un instant à l'autre lui faisait plus peur qu'aucun bruit extérieur.

Allongé dans son lit, il essayait d'éloigner les pensées hostiles qui lui venaient. Il se reprochait aussi d'entretenir des sentiments négatifs envers quelqu'un qu'il était censé aimer. Quand il a fini par quitter le foyer maternel pour aller faire des études supérieures, son sommeil s'est amélioré, et l'insomnie n'a réémergé, des années plus tard, que lorsqu'il s'est installé avec une femme qui amenait avec elle un fils né d'une liaison précédente. Le triangle de son enfance reprenait forme : un homme et une femme dans le même lit, et un enfant seul dans son lit dans la chambre à côté.

Dans la douloureuse dilatation du temps dont il faisait l'expérience, il n'était pas question du temps des horloges, du temps qu'on calcule en minutes et en heures, mais plutôt du temps de l'attente, l'attente ici d'un bruit qui allait le tétaniser. L'expérience de cet autre temps avait consisté pour lui à rester seul avec ses pensées, ballotté entre la colère et la culpabilité. Personne alors ne semblait se soucier de ce qu'il ressentait, ni reconnaître la situation terrible qu'était devenue la sienne quand sa mère avait commencé sa liaison. Au contraire, tout le monde était ravi autour d'eux, et lui-même se sentait obligé de se réjouir avec les autres du changement de situation. En consultation, des années plus tard, il a cherché d'une certaine manière à authentifier ses sentiments d'alors, à ce qu'on reconnaisse enfin ce qu'avait été pour lui de rester allongé dans son lit en proie à une interminable inquiétude nocturne.

Les approches par l'écoute plutôt que par la quantification n'ont jamais pu fournir une explication globale à ces troubles du sommeil. Dans les différentes thérapies par la parole, l'insomnie est rarement présentée comme le premier motif de consultation, les difficultés pour dormir ne surgissant dans la discussion que nettement plus tard. Avec le cas évoqué plus haut, celles-ci ne me sont apparues qu'au bout de plusieurs mois de cure. Curieux, étant donné le martyre que souffre un insomniaque. Serait-ce juste qu'on ne met pas le curseur au bon endroit, ou bien cette façon d'éviter le sujet a-t-elle aussi un rôle ?

Chez les enfants, on a moins de mal à détecter les troubles du sommeil, ne serait-ce que parce que les parents sont réveillés par l'enfant qui ne dort pas, et que ce sont donc eux, et pas lui, qui iront chercher de l'aide auprès d'un thérapeute. À l'origine du problème d'endormissement chez les enfants, on trouve souvent une angoisse concernant le corps ou l'idée de mort. « Si je risque de ne jamais me réveiller, comment voulez-vous que j'arrive à m'endormir ? », demandent-ils, à force de s'entendre dire que la mort est un « long sommeil ». Jusqu'au début du XXe siècle, on trouvait même la formule suivante dans une prière du soir très répandue : « si je mourais avant l'éveil[10] ». Et quand ils commencent à ne plus mettre de couches, ils éprouvent la peur de souiller les draps, qui peut les empêcher de s'endormir. Cette peur démontre que les draps souillés, longtemps pris pour le motif le plus courant de trouble du sommeil chez les enfants, peuvent à leur tour générer un autre trouble, indirect : la peur par anticipation.

Le conte de la princesse au petit pois fournit une bonne illustration d'un tel trouble du sommeil, précis et transitoire. La pauvre héroïne n'arrive pas à s'endormir à cause du petit pois glissé sous ses matelas empilés, ce qui prouve au passage qu'elle est une vraie princesse. Derrière cette fable, c'est surtout, bien sûr, d'éveil à la sexualité qu'il s'agit : l'objet en forme de petit pois la tient éveillée toute la nuit, et le sommeil ne pourra revenir que lorsque l'excitation ressentie – ou la culpabilité qu'elle suscite – aura été acceptée, en quelque sorte. Rien d'étonnant, dès lors, que le conte s'achève comme d'habitude par un mariage avec le prince, et suggère qu'un mari sert surtout à remplacer le petit pois.

Des traumatismes variés peuvent non seulement empêcher l'endormissement chez l'enfant, mais aussi le réveiller dans un état de panique[11]. Il y a par exemple cette petite fille de quatre ans qui se dressait d'un coup sur son séant en hurlant, et continuait à tirer rageusement sur la peau de ses avant-bras même après l'irruption de sa mère venue la prendre dans ses bras. Dans ce genre de terreur nocturne, qui peut être courante au cours de la première enfance, la crise se prolonge à l'état d'éveil, et il faut plusieurs minutes avant que l'enfant prenne conscience de la présence réconfortante du parent, comme s'il était encore en plein trauma les yeux grands ouverts. Dans l'exemple en question, la terreur semblait avoir une raison bien identifiée : la petite fille avait été hospitalisée en urgence deux ans plus tôt, et les infirmières avaient dû s'échiner à lui introduire une canule dans chaque bras pendant qu'elle hurlait de peur et de douleur. Deux ans après, pendant ces terreurs nocturnes, elle se retrouvait de nouveau à l'hôpital, en train d'essayer d'arracher les canules de ses bras.

Plus tard dans la vie, ce type d'interruption ponctuelle du sommeil pour un motif précis devient l'exception plus que la règle. La plupart des enfants s'en libèrent assez vite, avec ou sans l'intervention d'un thérapeute, même s'ils ont plus de mal dès que les angoisses des parents viennent s'ajouter aux leurs. Il n'est pas rare, par exemple, que les parents continuent de venir regarder leur enfant dormir pour s'assurer qu'il n'est pas mort, bien après son premier anniversaire. Ou qu'ils examinent scrupuleusement ses draps en quête de la moindre trace suspecte, comme si eux-mêmes peinaient à surmonter leur angoisse de la souillure et de la saleté.

Et pourtant, on se rend compte que les symptômes découverts chez l'enfant durant son sommeil prennent ensuite une forme plus pérenne, à mesure qu'il multiplie les façons d'élaborer ce qui le préoccupe. Le jeu, la lecture, le dessin, le rêve éveillé et la parole, bien sûr, sont autant de moyens d'arriver à symboliser et à inscrire les peurs et les angoisses qui entourent le sommeil. L'apparition des petits rituels du coucher, dans la deuxième et la troisième année, est une façon bien connue de traiter ces problèmes, comme si l'enfant introduisait des comportements séquentiels et répétitifs à l'endroit qui est pour lui celui de la plus grande faiblesse psychique et physiologique : la transition de la veille au sommeil.

Chez l'adulte, l'insomnie est en général plus complexe. Il existe des cas où son irruption soudaine peut être rapportée à coup sûr à une cause unique qu'il suffit alors de déplier. Mais si l'insomnie est un problème chronique, c'est le plus souvent que plusieurs facteurs sont en jeu. Ce qui apparaît comme un symptôme monolithique rassemble, en fait, des problèmes très variés. Les approches directes sont rarement efficaces et, quand l'insomnie s'éloigne enfin, ce n'est pas le résultat d'une illumination chez le patient, notent les praticiens, mais plutôt, au contraire, un effet rétroactif : un beau jour, l'insomniaque explique que, bizarrement, il dort désormais beaucoup mieux – c'est tout.

Dans le cas évoqué plus haut, il a fallu mettre en rapport le retour de l'insomnie et la reproduction au sein du foyer du triangle relationnel subi durant l'enfance, explorer par conséquent le passé du patient, sans que cela suffise pour autant à régler par miracle ses troubles du sommeil. Cette étape n'interviendrait que beaucoup plus tard, quand il s'attaquerait enfin à sa relation avec son père biologique. Il ne l'avait rencontré que de rares fois, et avait toujours approuvé sa mère qui décrivait, avec rancœur, un homme brutal et indifférent. Lorsqu'il a appris que ce père était en train de mourir d'une maladie grave, il a choisi de ne pas saisir l'occasion qui s'offrait d'aller le revoir et, dès après sa mort, il s'est demandé s'il avait pris la bonne décision. Sa mère avait-elle raison ? Ne devait-il pas quand même quelque chose à cet homme qui était, après tout, « la moitié de ce qui me fait exister » ?

L'espace nocturne terrifiant de ses insomnies devenait une punition, comme s'il lui fallait chaque soir payer le prix de sa froideur filiale. Ce cas montre clairement que plusieurs facteurs enchevêtrés sont en jeu dans le trouble du sommeil : ce qui avait déclenché au départ son insomnie était cette scène d'enfance pendant laquelle il restait aux aguets la nuit durant, attendant avec angoisse les bruits venus de la chambre de sa mère et de son compagnon ; mais elle en était venue plus tard à jouer un rôle complémentaire. Réceptacle de sa culpabilité et des ravages intérieurs qui en provenaient, l'insomnie était devenue la matrice de formes variées de douleur, de doute et de tristesse.

Il est de plus en plus difficile de saisir les cheminements individuels et les causes spécifiques de l'insomnie dans une société qui privilégie les approches normatives du sommeil. De même qu'on nous dit combien d'heures il faut dormir, on nous explique aussi ce qui nous en empêche, depuis la lumière bleue de nos écrans jusqu'à nos horaires délétères en passant par toute cette caféine que l'on ingère. Autant de raisons qu'il est bien sûr parfois utile de pointer (comme il est utile de recourir aux thérapies qui les traitent), mais qui ne doivent jamais faire perdre de vue le récit de vie individuel – et tout ce qu'il éclaire des motifs de chacun dans les troubles du sommeil.

Au cours de la décennie écoulée, on en a encore ajouté une couche ! Certes, l'objectif numéro un de la recherche sur le sommeil reste d'optimiser la productivité et l'efficacité individuelles, mais est apparue une obsession nouvelle : les effets de la perte de sommeil sur le corps et sur la santé. On relie ainsi les cancers, les pathologies cardiaques, le diabète et les troubles endocrinaux à des problèmes de sommeil, et on fait même du manque de sommeil le nouvel « assassin silencieux » – ce qu'étaient les maladies du cœur il n'y a pas si longtemps. Certains de ces arguments comptent, bien sûr, et la recherche sur le sommeil est parfois convaincante ; mais ce qui est intéressant, c'est la façon dont l'injonction de bonne santé s'est si facilement superposée aux vieux impératifs de productivité.

Rester en vie est vu aujourd'hui comme un choix personnel, un devoir auquel il convient de s'atteler sans répit, si bien que l'existence entière est une pure tâche, le résultat d'une certaine efficacité, autant que le travail l'était hier. « Tu seras aussi productif que possible » et « Tu resteras en vie aussi longtemps que possible » : deux commandements devenus peu à peu synonymes. Dès lors, la différence entre la santé et la maladie se rapproche de plus en plus de celle qui oppose le Bien et le Mal – au point qu'éviter de tomber malade ou juste rester en vie a pris une signification morale.

Les hygiénistes du sommeil affirment que bien dormir permet de rester mince, de minimiser les fringales, de se prémunir contre le cancer et la démence, de réduire le risque d'accident cardiaque, d'AVC ou de diabète, et d'être plus heureux, plus honnête – oui, c'est ce qu'ils disent – et moins angoissé ; et ils ajoutent que le meilleur dans cette affaire, c'est la gratuité[12]. Sauf qu'en fait ce n'est gratuit, et encore, potentiellement, que si vous avez la chance de ne pas faire partie de ces 95 % de la population mondiale qui doivent se battre pour joindre les deux bouts, travailler à des horaires harassants, se faire du mouron pour leurs proches ou redouter leur patron, et jour après jour s'assurer l'accès aux biens de première nécessité. Les conseils dispensés par les hygiénistes du sommeil sont réservés à une élite de privilégiés, au sein de laquelle chacun dispose de sa propre chambre avec régulation de température et équipement dernier cri pour adapter l'ambiance à son rythme biologique personnel, et peut être réveillé par des rayons de lumière artificielle qui lui garantissent des matinées plus optimistes et plus épanouies.

Mais la pression exercée sur les pauvres pour qu'ils dorment aussi bien que les riches va-t-elle vraiment améliorer leur sommeil ? Certains se réjouissent de l'initiative du géant de l'assurance Aetna, avec ses 50 000 employés, qui propose de leur donner une prime s'ils dorment davantage, et les équipe d'un capteur à porter en continu. Mais on ne tient aucun compte, ici, du coût humain pour ceux qui ne touchent *pas* cette prime, ni de la pression qu'exercent ces systèmes d'intéressement. Offrir à ses employés une prime de 20 euros par nuit s'ils arrivent à aligner au moins vingt nuits de sept heures de sommeil ne revient-il pas surtout à imposer à tous une pression inédite, une pression pour dormir plus, pour gagner plus, pour gagner autant que ses collègues, et pour se laisser surveiller jusqu'au cœur de la nuit par son employeur ? Si vous dormez mal, aucun souci : dès que le capteur de sommeil vous aura identifié comme insomniaque, on vous enverra sur votre smartphone une appli de thérapie cognitive pour vous aider à dormir enfin sainement.

Inspirés par cette opération strictement marchande, certains spécialistes prônent l'installation dans les voitures d'un petit dispositif pour tester le sommeil, sur le modèle de l'éthylotest, afin d'empêcher ceux qu'ils auraient identifiés comme manquant de sommeil de prendre le volant. Si effectivement un adulte sur deux ne dort pas assez, alors cette invention va faire des merveilles pour réduire la pollution atmosphérique – même si elle ne tient pas compte de la rage et de la frustration que ressentira l'automobiliste dont la voiture refuse de démarrer. Certes, bien des accidents de la route ont la fatigue pour cause majeure[13], mais il n'en faut pas moins garder à l'esprit toute la violence psychique qui est liée dans notre société à la privation d'un véhicule, surtout quand on connaît l'importance qu'il a pour son propriétaire.

Il suffit de réfléchir un instant aux statistiques qui révèlent une corrélation entre le passage à l'heure d'été, un beau week-end de début de printemps, et l'augmentation du nombre d'accidents de la route le lundi matin suivant. Car s'agit-il ici, en fin de compte, des effets directs de la fatigue et d'une moindre maîtrise du véhicule provoqués par la perte d'une heure de sommeil, ou plutôt d'un état intensifié d'irritation et de frustration quand on s'est réveillé à la mauvaise heure ou senti spolié d'un temps de sommeil précieux ? La question n'est pas anodine, et il faut, pour y répondre, faire du changement d'heure, lui aussi, non seulement une donnée biologique, mais surtout une expérience humaine.

2

Un sommeil ou deux ?

On entend souvent dire que le cycle du jour et de la nuit organisait toute la société jusqu'à la révolution industrielle, et qu'aujourd'hui la priorité accordée à la performance et à la productivité déterminerait notre sommeil. Or la révolution industrielle est aussi perçue comme le moment d'une scission entre deux modalités du temps. Selon l'historien anglais E. P. Thompson, c'est avec elle que le temps est devenu quelque chose que l'on dépense, que l'on compte, et non plus que l'on *passe* : de l'argent. Alors qu'à l'ère préindustrielle, le régime de travail alternait entre le labeur intensif et une forme d'oisiveté compatible avec quelques tâches spécifiques, à l'ère industrielle tout se passe comme si les tâches finies importaient moins que le temps lui-même : dorénavant, il est capital de ne plus le perdre[1].

À partir de là, les gens ont cessé de vivre dans un seul et même temps, ne serait-ce qu'avec la différence qui s'est imposée entre le temps du travailleur et le temps du patron : le temps des travailleurs au repos est désormais du temps perdu pour le patron. Et quand le travailleur n'est pas à l'usine, c'est le temps du patron qu'il dépense, moyennant une division que les travailleurs eux-mêmes ont dû intérioriser. Les nouveaux horaires de travail homogènes et la monétarisation du temps sont passés aussi par la généralisation des instruments de mesure du temps et des horloges publiques. Le temps de l'industrie, le temps d'un capitalisme naissant encore rudimentaire, fait tourner les horloges : elles se sont mises à indiquer, moins la perte d'une heure de sommeil au début du printemps – l'heure d'été a été adoptée par de nombreux pays à la fin du XIXe et au début du XXe siècle –, que la perte de toute une expérience du temps lui-même.

Dire à l'insomniaque qu'il surestime le temps qu'il a passé éveillé ne relève-t-il pas de cette même division du temps ? Car il y a bien deux temps, un temps dominant, ou « correct », et un autre renvoyé aux aléas de la perception subjective. L'enjeu, en fin de compte, c'est le télescopage entre deux discours incompatibles, entre deux façons de voir et d'habiter le monde. Inutile de se perdre en arguties, ou d'opposer le patient ignare et mal conseillé à l'expert du sommeil si subtil et rationnel : la différence en question est d'abord celle qui sépare le temps de l'esclave et le temps du maître. Pour fonctionner correctement en société, mieux vaut s'en tenir au temps du maître.

Cette différence entre deux modalités du temps, de fait, a souvent recoupé les divisions sociales et politiques. Dans son projet d'essai sur les passages de Paris, Walter Benjamin cite un récit lyrique des trois journées révolutionnaires de juillet 1830 :

Qui le croirait ? On dit qu'irrités contre l'heure
De nouveaux Josués, au pied de chaque tour,
Tiraient sur les cadrans pour arrêter le jour[2].

Les auteurs ajoutent que ce qui distingue l'insurrection de 1830 est cette particularité, « ce seul acte de vandalisme commis alors par le peuple contre des monuments publics. Et quel vandalisme ! Comme il exprime bien l'état des cœurs et des esprits en ce soir du 28 [juillet] ! ». Ce geste de tirer sur les horloges eut lieu, lit-on encore, « en différents quartiers de la ville et en même temps », et ne pouvait donc être « un caprice isolé, mais un sentiment répandu, à peu près général ».

La division des temps, que ces tirs de juillet 1830 cherchaient déjà à défaire, est précisément ce que fait, aujourd'hui, la science du sommeil quand elle nous explique les rythmes *circadiens* (du latin *circa*, à peu près, et *diem*, une journée), ces cycles régulant l'horloge biologique interne le long d'une séquence d'à peu près vingt-quatre heures[3]. Des indicateurs externes comme la lumière, la température, les interactions sociales – qu'on appelle parfois les *Zeitgebers* (« donneurs de temps », en allemand) – contribuent à « entraîner » le cycle circadien, et expliquent pourquoi des phénomènes bien connus tels que le travail de nuit ou le vol à travers plusieurs fuseaux horaires peuvent complètement détraquer le sommeil. En observant sur les graphiques des spécialistes les hausses et les baisses de la courbe du cycle circadien, on se rend compte que la vie humaine est divisée souvent en temps de « travail » et temps de « sommeil », comme si aucune autre temporalité n'était présente, ni même possible.

Pour désigner une existence routinière et machinale, les Français ont cette drôle de formule de « métro, boulot, dodo ». C'est pourtant bien ce qu'attestent les graphiques du rythme circadien, qui ne montrent par exemple ni les siestes régulières ni les variations dans les habitudes de sommeil. Cette division binaire de la journée entre travail et sommeil est aussi, bien sûr, ce qu'ont imposé hier les propriétaires d'usines, loin de ce que vivaient leurs sujets : on se demande ce que les graphiques en question montreraient s'ils enregistraient dans toute leur complexité les réalités d'une journée de vie humaine. Rien de plus banal, en effet, que d'essayer d'étendre le temps, de le démultiplier, surtout par le recours à nos petites chimies de transition : boire un verre pour marquer la fin de la journée de travail, ou pour s'accorder du temps, traînasser avant d'aller se coucher, allonger toujours davantage ce moment liminaire qui sert de frontière avant l'entrée dans le sommeil.

Une patiente me racontait par exemple comment elle se ménageait cette marge de temps intime, non pas tard le soir mais au petit matin, se réveillant exprès à 3 heures pour écrire dans son journal, grignoter et bouquiner, avant de se recoucher et de se lever comme tout le monde à 7 h 30, en même temps que ses colocataires qui n'ont jamais eu aucune idée de ses pratiques nocturnes. Qu'ils n'en sachent rien lui procurait une certaine satisfaction, comme si elle avait dédoublé la vie, créé « un temps qui n'appartient à personne d'autre », comme elle l'expliquait. Plus nous vivons réglés sur le temps des autres, avec leurs urgences et leurs emplois du temps, plus le besoin s'affirme d'un temps solitaire, un temps à soi, et, quand il devient possible, il peut consister en diverses situations, diverses activités qui en prennent dès lors une valeur spéciale.

Ces temps-là dérogent peut-être aux rythmes circadiens qui font nos cycles de sommeil et d'éveil, de même qu'ils dérogent aux requêtes du capitalisme tardif en termes de sommeil. En montrant que le corps était séquencé de façon partiellement indépendante des heures de lever et de coucher du soleil, la découverte des rythmes circadiens a rencontré la logique de marché. Elle permettait d'adapter ces mêmes rythmes à un objectif nouveau d'optimisation de la productivité du travailleur, et impliquait une déconnexion entre le corps social et le corps individuel. D'où la distinction faite par la science du sommeil entre le rythme lui-même – purement endogène – et les indicateurs externes – les *Zeitgebers*, les donneurs de temps – qui, eux, contribuent à l'enclencher.

Les historiens prétendent que les rythmes circadiens ont légèrement changé au cours du XIXe siècle, en partie du fait de la généralisation de l'éclairage artificiel[4]. Le corps était donc ouvert à des interventions externes, on a pu lui aussi le machiner – on notera d'ailleurs que le langage moderne pour décrire nos machines se trouve désormais appliqué à nos propres corps : pour notre vie biologique aussi bien que pour une horloge, un compteur ou un disque dur, on parle de *reset* et de *reboot*, de remonter le mécanisme, de réinitialiser. On s'étonnera, au passage, que le cycle de la veille et du sommeil soit le seul rythme physiologique connu de tous alors que des centaines de fonctions internes du corps ont également leur rythme temporel propre et leurs variations en importance au fil de la journée – la recherche montre, depuis quelques années, que presque toutes les cellules du corps enregistrent et stockent le temps, d'une façon ou d'une autre.

Il était dans l'ordre des choses, en tout cas, que le marché finisse par conquérir aussi le temps de sommeil. Il était absurde que la logique de l'argent laissât de côté ce qui occupe quand même un tiers de l'existence humaine, et on est ainsi passé, en peu de temps, des remèdes de nos grands-mères à coup de potions pour dormir à un secteur florissant, dès la fin du XIXe et le début du XXe siècle. Géants technologiques, groupes pharmaceutiques et industriels du matelas ont investi massivement dans la publicité de leurs divers produits pour mieux dormir. De nouveaux algorithmes et de nouveaux capteurs pour enregistrer le sommeil promettent qu'on pourra le quantifier exactement et améliorer sa qualité. Partout on nous encourage à nous soucier autant de nos performances nocturnes que de nos activités du jour. Quand on a pu montrer les vertus du sommeil pour la consolidation de la mémoire – on en traitera plus loin –, on s'est mis à exploiter le temps de sommeil dans ce sens, et pendant une période on a même fourni à certains travailleurs des kits d'audio-leçons pour la nuit, des leçons à écouter endormi, qui répétaient dans le casque des mots et des informations qu'ils étaient censés intégrer pendant leur sommeil.

En général, le fait d'être suivi – et contrôlé de près – est jugé secondaire dans cette affaire, innocent même, s'il nous permet de nous améliorer et de mieux nous gouverner nous-mêmes. Certains nouveaux matelas sont bourrés de technologie intégrée pour recueillir toutes les données utiles sur le sommeil de leur propriétaire, tout en restant fidèles à l'équation marchande de la taille et de la valeur – plus c'est gros, plus ça passe. Un Big Mac vaut mieux qu'un pauvre hamburger, et les nouveaux matelas valent mieux avec une double, une triple et une quadruple couche de mousse ou de tissu naturel. Dans le conte de fées, la multiplication des matelas n'était qu'une épreuve bizarre de la lignée royale ; aujourd'hui elle est le minimum requis, un lit gonflé à bloc pour une bonne nuit de sommeil.

Si l'on a pu fixer ainsi, dès le milieu du XIXe siècle, la bonne durée de sommeil, on a fixé aussi, au même moment, la forme même de sommeil. L'historien Roger Ekirch a montré, dans une série d'articles et un livre qui firent date, que jusqu'à cette période le sommeil humain avait été plutôt biphasique : au lieu de dormir d'une traite, on faisait sa nuit de sommeil en deux phases[5]. Couchés vers 21 heures ou 22 heures, les gens dormaient jusqu'à minuit ou 1 heure du matin, puis se levaient pour une heure ou deux – un moment appelé « d'observation », *watching*, en anglais, moins pour suggérer le regard que la phase d'éveil –, avant d'aborder leur second temps de sommeil et de dormir jusqu'au matin. Les heures de commencement de la première comme de la seconde phase ont pu varier au cours de l'histoire et selon les régions du monde, mais cette nuit biphasique n'en aurait pas moins été constante.

Une telle bipartition du sommeil n'a pas eu le même sens dans toutes les cultures ni à toutes les époques, de même qu'on n'a pas toujours ni partout occupé aux mêmes choses ce moment d'intermède entre les deux phases de sommeil : rapport sexuel, couture ou tricot, cuisine, réflexion sur ses rêves et autres pratiques interstitielles. Mais d'un continent à l'autre, d'une culture à l'autre, revient toujours, sous des formes variées, la distinction entre un « premier » et un « second » sommeil. Dans certaines cultures, les gens étaient même censés dormir du côté droit de la couche pour le premier sommeil, puis du gauche pour le second, d'où l'expression courante « se lever du mauvais pied ».

En quelques décennies, ces vieilles habitudes du corps ont été défaites. Dès le milieu du XIXe siècle, les références à deux sommeils se raréfient et la nuit d'une traite devient rapidement la norme. Ekirch l'a d'abord imputé à la généralisation de l'éclairage nocturne artificiel, à mesure que les lumières au gaz puis à l'électricité ont remplacé les vieilles lampes à huile apparues dans les artères de nos villes au XVIIe siècle. Le changement technologique ici est décisif, permettant non seulement aux boutiques et aux ateliers de rester ouverts beaucoup plus tard, mais à toute une culture de la nuit de se développer. Les historiens ont décrit cette mutation extraordinaire de la vie urbaine, qui a repoussé les limites du premier sommeil jusqu'à ce qu'il ne fasse plus qu'un avec le second.

L'éclairage artificiel a débouché sur tout un univers de possibilités nouvelles, modifiant ce qu'on associait respectivement à la lumière et à l'obscurité, stimulant et facilitant le recours à des heures de coucher de plus en plus tardives. C'est entre 1730 et 1830 qu'eut lieu l'essentiel de cette mutation des heures de coucher et, par conséquent, des activités nocturnes. La ville de Londres disposait en 1736 de 5 000 lampes à huile et, en 1823, de 40 000 lampes à gaz, tandis que Paris n'avait en 1835 que 200 de ces dernières, mais près de 13 000 quatre ans seulement après. Ces lampes n'étaient pas encore appelées des réverbères, mais en anglais des « lampes de police », rappelant la vieille corrélation entre l'éclairage et la sécurité urbaine, même si sous cette lumière nouvelle la surveillance a pu prendre elle-même des formes assez variées. De nouvelles habitudes ont fait ainsi leur apparition, comme de fouiller du regard depuis la rue, à la nuit tombée, l'intérieur des logis désormais éclairés. Cet essor de l'éclairage public et privé a complètement modifié la luminosité générale : alors qu'une simple lampe à gaz éclairait déjà environ douze fois plus qu'une lampe à huile ou une bougie, les ampoules électriques qui se généralisent au tournant du XXe siècle sont encore cent fois plus brillantes.

Si cette nouvelle nuit a eu pour premiers « enfants[6] », comme les appelait un écrivain d'alors, des loisirs et des passe-temps, un processus de changement s'enclencha alors qui dépassait largement le cadre des bals et des réunions nocturnes liés à cette culture neuve de la nuit : les plus pauvres se sont mis à travailler plus tard, puisque l'éclairage permettait de laisser ouverts les échoppes et les ateliers jusque tard dans la soirée. Et c'est le déclin, concomitant, de toute la dimension spirituelle du sommeil qui lui donnait sens depuis des siècles, pour qu'il repose le corps et purifie l'âme. Avec la révolution industrielle, le sommeil est de moins en moins cet espace précieux de renouvellement, spirituel et personnel, et de plus en plus un temps consistant surtout à… ne pas être au travail.

Au nombre des causes de la disparition du sommeil biphasique, Ekirch ajoute tous ces facteurs sociaux et économiques, et pas seulement la généralisation de l'éclairage urbain. Ont ainsi contribué à imposer le modèle de la nuit de sommeil d'une seule traite, parmi tant de facteurs : de nouvelles conceptions du travail, la planification et le découpage du temps de travail, les technologies nouvelles et leur impact sur les processus de production, l'impératif d'une gestion personnelle de son temps, et jusqu'à l'« éthique » du travail promue par le capitalisme industriel. Il est clair, pour Ekirch, qu'ici c'est le changement social qui est venu altérer un processus biologique initial.

En s'intéressant aux expériences menées par le chercheur Thomas Wehr au sein de l'Institut américain pour la santé mentale, Ekirch a pensé trouver une confirmation biologique à sa thèse historique. Wehr a placé ses sujets hors du dispositif moderne d'éclairage artificiel, et s'est rendu compte que bon nombre d'entre eux se mettaient à dormir en deux phases, et non plus d'une traite[7]. Pour ce faire, il a reconstitué des conditions de lumière proches du cycle hivernal du jour et de la nuit, ses volontaires passant quatorze heures de suite dans une salle obscure après dix heures d'exposition à la lumière. À l'instar des populations préindustrielles selon Ekirch, ils se sont mis à se réveiller après minuit, pour des périodes de deux à trois heures, avant de tomber dans un second sommeil. Cet intervalle d'éveil, le *watching*, semble donc ressurgir naturellement quand on retire l'éclairage artificiel, dont Ekirch a fait initialement le responsable majeur de la mutation des temps de sommeil. Il s'avérait ainsi que le sommeil d'une seule traite était un héritage de la révolution industrielle, et que le sommeil biphasique constituait bien le rythme d'origine du corps humain.

Ces conclusions sont aujourd'hui sujettes à débat. S'il est incontestable que la division de la nuit de sommeil en deux phases était partie intégrante de l'expérience humaine dans de nombreuses sociétés jusqu'au XIXe siècle, il n'est pas si sûr que le corps y retourne dès qu'on le prive de lumière artificielle. Les expériences de Wehr allaient dans ce sens, mais d'autres recherches similaires ont eu des résultats plus ambigus, même si les façons de dormir identifiées de cette manière vont toutes dans le sens d'une ou plusieurs périodes d'interruption du sommeil. Reste que ce type de recherche repose sur un fantasme commun, l'idée que c'est en l'isolant dans des conditions expérimentales, loin de son monde ordinaire, qu'on découvrira le fonctionnement naturel du corps humain…

Car pour trouver le rythme originel, ou primitif, du sommeil, on coupe un individu du corps social. On l'isole dans une grotte, un bunker souterrain ou un laboratoire du sommeil ultrasophistiqué, et on enregistre ses cycles d'activité, sa température, l'évolution de ses niveaux d'hormones, et ainsi de suite. Ces recherches peuvent être pertinentes pour comprendre l'effet des facteurs environnementaux sur les processus physiologiques, mais ne nous disent pas grand-chose du sommeil humain « naturel », dans la mesure où la plupart des gens vivent à côté ou tout près les uns des autres, et où c'est justement cette proximité qui pourrait bien avoir des effets décisifs sur le sommeil – comme on va le voir.

Il suffit qu'un nourrisson dorme avec sa mère, et presque

toutes les variables physiologiques de son sommeil en sont altérées, de la part de sommeil profond aux niveaux de concentration neurochimique dans le cerveau en passant par le comportement respiratoire. Les expériences sur le sommeil réalisées en isolant délibérément le dormeur de son monde rappellent à celle que fit Frédéric II, au Moyen Âge, en isolant des bébés du langage humain pour voir si, sans influence, leurs premiers mots seraient en hébreu ou en latin. L'erreur consiste à ne pas voir ce que le langage, ou le sommeil, doit aux relations sociales. Comme le langage, le sommeil peut s'apprendre. Car on ne fait pas que dormir : enfants, on nous *met* au lit, et plus tard, à l'âge adulte, nous nous mettons nous-mêmes dans les conditions qu'on nous présente comme le plus susceptibles de nous faire bien dormir – et qui se compliquent au fil du temps.

3

Éteindre

L'histoire de ce passage du sommeil biphasique au sommeil d'une seule traite fait écho à notre nostalgie d'aujourd'hui pour une sorte de monde bio des origines, dans lequel les gens auraient vécu en parfaite harmonie avec la nature. Sauf que les choses ne sont pas si simples. En décrivant une société agricole stable et organisée en tâches, E. P. Thompson prend peut-être lui aussi ses désirs pour la réalité historique, et il sous-estime à coup sûr l'importance des pratiques de mesure et de gestion du temps aux premiers siècles de l'ère moderne. C'est ce qu'ont étudié scrupuleusement les géographes Paul Glennie et Nigel Thrift pour l'Angleterre de la fin du Moyen Âge et de la Renaissance, en montrant que la vie quotidienne était scandée par divers marqueurs temporels déjà bien avant les débuts de l'ère industrielle[1]. Les établissements religieux, les écoles, les marchés, les corporations et les tournois avaient tous une façon de marquer les heures du jour, comme le faisaient au même moment les premiers réseaux systématiques de transport et de courrier postal. Les services d'un cocher, d'ailleurs, étaient payés à la durée et pas à la distance parcourue.

On peut de même douter qu'existât alors une société agricole gouvernée purement et simplement par le cycle naturel du jour et de la nuit. De telles sociétés, après tout, ne règlent pas leurs horloges sur le lever et le coucher du soleil, et leurs travailleurs peuvent très bien se lever à 3 heures du matin pour avoir fini la récolte avant la fin de matinée. Certaines plantes, de fait, ne peuvent plus être traitées après le milieu de la journée, quand leurs feuilles sont collantes et résistantes, alors que d'autres ne sauraient être moissonnées au lever du soleil à cause de la rosée. À qui s'imagine un travailleur agricole heureux debout au chant du coq, dès le lever du soleil, puis travaillant de jour dans les champs avant de s'offrir un sommeil réparateur, il faut rappeler que les coqs chantent plusieurs fois par nuit, pour marquer autant d'aurores successives, et qu'à la tombée du jour il y a encore beaucoup de travail : traiter les plantes, réparer les outils, repriser les tissus, préparer les repas et nettoyer. Des centaines d'années avant l'éclairage artificiel, le travail déjà ne s'arrêtait pas avec la tombée du jour.

Il ne s'agit pas de nier les effets de l'industrialisation, de l'éclairage artificiel et de la nouvelle éthique du travail apparue avec le capitalisme industriel – et leurs conséquences indéniables sur l'expérience que les gens ont du temps –, mais juste de manier avec précaution cette image d'une harmonie agricole des origines, rythmée par le simple cycle du jour et de la nuit. Dans son livre *Le Capitalisme à l'assaut du sommeil*, l'essayiste Jonathan Crary a cette heureuse formule consistant à dire que le capitalisme n'est pas compatible avec l'axe de rotation de la Terre – mais le monde précapitaliste ne l'était déjà pas. Le cycle jour-nuit comptait certes davantage à cette époque que plus tard, dans de nombreuses régions du monde, mais de tout temps les hommes ont inséré entre leur habitat et eux une série de médiations, et introduit dans le temps quotidien des barèmes de mesure et des interdits auxquels leurs relations avec leur environnement ont dû se plier. Le temps des horloges et les diverses façons de mesurer la durée n'ont jamais été entièrement synchronisés avec le cycle des jours et des nuits, comme le rappellent les exemples ordinaires de variations saisonnières[2].

Pendant que le temps peu à peu se standardisait, bien peu remarquaient qu'une véritable journée de vingt-quatre heures n'a lieu que quatre fois par an. L'orbite elliptique de la Terre, sa vitesse qui varie pendant qu'elle fait le tour du Soleil et sa proximité avec lui au gré des périodes de l'année sont comme passés au second plan, restés dans l'ombre de l'horloge mécanique et de son temps parfaitement homogène. Même si les pratiques de mesure du temps sont ancestrales, et si les horloges elles-mêmes datent de bien avant la révolution industrielle, c'est effectivement le XIXe siècle, notamment avec le télégraphe et le chemin de fer, qui a vu triompher le nouveau calcul systématique du temps et sa promesse d'une connexion généralisée toujours plus rapide.

C'est bien pourquoi on parle de « *temps* modernes » : pour signifier que le temps solaire local a été remplacé par des fuseaux horaires et des temps universels plus ou moins coordonnés. En temps solaire, midi était indiqué par le croisement du soleil avec le méridien, si bien qu'en fonction de la longitude des endroits différents indiquaient des heures différentes. Au milieu des années 1870, on utilisait près de 75 heures ferroviaires différentes aux États-Unis, et souvent plus d'une pour la même ville. Différentes mesures du temps coexistaient souvent, les horloges des tribunaux et celles des gares marquant une heure différente jusque dans la même rue. Les officiels allemands ont envisagé d'équiper les horloges de gare de deux aiguilles, une pour l'heure locale et une pour l'heure de la compagnie de chemin de fer, pratique bientôt courante en France où on a équipé les gares de deux horloges distinctes, une à l'intérieur et l'autre à l'extérieur – certaines même d'une troisième qui indiquait l'heure de Paris.

Le grand ingénieur automobile Henry Ford raconte que, lorsqu'il était un jeune ouvrier joaillier, occupé à réparer des pièces d'horlogerie, il pensait déjà à fabriquer une montre à deux cadrans : un pour l'heure solaire locale et un pour l'heure standard du chemin de fer, ayant compris qu'effacer ainsi la distance spatiale serait une bonne chose pour les affaires. Cette invention astucieuse a dû faire l'effet d'une nouveauté radicale à l'époque – « une curiosité pour tout le quartier[3] », écrit Ford –, et pourtant aujourd'hui, plutôt que porté au poignet, ce double cadran semble avoir été intégré, incorporé par tout le monde. Notre productivité est au service de maîtres multiples, et l'horloge, elle, ne s'arrête jamais. Comme le souligne Crary, on n'en est plus au *on/off*, à la simple différence entre ce qui est allumé et ce qui est éteint : le marché aujourd'hui, jusqu'au cœur de nos vies personnelles, a fait disparaître le véritable état de repos, il l'a rendu impensable, et pour faire une pause il faut la générer artificiellement – et la payer au prix fort.

L'industrialisation, avec ses nouveaux dispositifs de contrôle et d'embrigadement des travailleurs, a placé le sommeil sur un spectre inédit, qui va du minimum requis pour pouvoir continuer à produire des biens jusqu'au principe d'un sacrifice intégral au service de l'intérêt supérieur. Employeurs et employés sont nombreux à estimer qu'il faudrait rogner sur le sommeil pour garantir une éthique du travail enfin acceptable. On ferait bien, ici, de confronter le fameux proverbe anglais, « tôt au lit donc tôt debout » (jadis exporté outre-Atlantique par Benjamin Franklin), au vieil aphorisme chinois, « tard au lit donc tôt debout ». Et de comprendre que « tôt » ou « tard » sont moins des notions liées au cycle naturel du jour et de la nuit que des effets de la grande horloge de vingt-quatre heures sous laquelle nous vivons, loin du temps solaire. Nulle part on ne s'en rend mieux compte, justement, que dans la Chine d'aujourd'hui, qui a aboli dès 1949, malgré son immense superficie, ses cinq fuseaux horaires au profit d'une seule heure chinoise standard. Partout imposé, le « temps de Pékin » est l'emblème de l'unité nationale, et une preuve supplémentaire, s'il en fallait, que le temps peut être mis au service d'un projet politique[4].

Les victimes ici sont évidemment les vies individuelles. Quand nous autres en Occident contactons un soir un fournisseur d'accès et nous retrouvons à discuter par téléphone avec quelqu'un en Inde ou dans un autre pays d'Asie, on peut très bien se dire que, si cet appel a été externalisé dans un pays lointain, c'est parce que, justement, notre soir correspond à leur matin. Certes, en termes de fuseaux horaires, il n'est pas absurde d'externaliser certains services, mais, dans la plupart des cas, la personne à l'autre bout du fil est un travailleur de nuit, qui reste debout toute la nuit au service d'une économie dominante, avec pour seule raison d'être là le maigre salaire qu'on veut bien lui verser. Les économies locales sont forcées de s'aligner sur des économies étrangères plus puissantes, et dans ce déséquilibre des termes de l'échange le besoin de sommeil n'est pas vraiment la priorité. Même des cliniques du sommeil externalisent certaines tâches, envoyant leurs données à l'étranger pour y être traitées, quelle que soit l'heure là-bas, alors qu'elles sont les premières au courant des effets délétères du travail par roulement sur un poste.

Les affiches pour les deux versions du fameux film *Wall Street*, à trente ans d'intervalle, illustrent parfaitement cette logique de profit en continu. En 1987, on pouvait y lire que « tous les rêves ont un prix », et comprendre que la cupidité financière débouchait sur une grande pauvreté morale. La version de 2014 prévient, quant à elle, que « l'argent ne dort jamais », et quitte ainsi le questionnement moral pour la pure et simple réalité du marché. Car si le sommeil occupe environ un tiers du temps de vie, l'argent, de son côté, l'occupe en entier. Et ce qu'exige logiquement le capitalisme, c'est bien cette double colonisation et du corps et du temps vécu.

L'argent ne dormant jamais, pauses et moments d'arrêt qui scandaient la vie de tous les jours sont devenus facultatifs, à moins qu'on les transforme eux-mêmes en marchandises. Boire un café, manger une barre de chocolat ou – jusque récemment – fumer une cigarette sont des moments qui tirent leur valeur du temps passé à les savourer. Un temps qu'il faut acheter : pas seulement en payant les modestes produits concernés mais aussi, désormais, en en profitant pour travailler, ne serait-ce que vérifier nos téléphones et nos tablettes et, de toute façon, faire plusieurs choses à la fois. Une pause véritable semble dès lors plus qu'improbable. C'est l'ossature même de notre journée qui se désagrège, ce qu'attestent non seulement la perte moderne du sommeil biphasique mais aussi la disparition progressive de la sieste.

Le travail des anthropologues et des sociologues a mis en évidence que cette pratique se trouve aujourd'hui en voie d'extinction, depuis la *siesta* des Espagnols jusqu'à l'*inemuri* des Japonais[5]. Le gouvernement espagnol a décidé en 2006 d'interdire la sieste sur les lieux de travail dans les services publics et les administrations, tandis qu'au Japon le petit somme diurne, pratiqué dans des endroits aussi différents que des réunions de bureaux ou des soirées festives, est dorénavant très mal vu, et souvent prohibé. La sieste traditionnelle chinoise à l'heure du déjeuner, qui avait même été inscrite dans la Constitution de 1950, fait elle aussi l'objet de restrictions, le temps de pause lui-même, quand il existe encore, ayant été réduit de trois heures à une heure. La logique qui sous-tend pareilles évolutions est évidemment celle du marché, qui fait du temps humain une source de profit, et de la sieste, l'ennemie de l'efficience et de la productivité. De même que l'argent ne dort jamais, en somme, ses suppôts humains sont censés oublier les répits et les intermèdes qui, encore il y a peu, faisaient partie intégrante de l'existence quotidienne.

Alors que les nouveaux hygiénistes du sommeil insistent tous sur les vertus de la sieste au travail en termes de productivité individuelle, il est intéressant de rappeler que les nombreuses tentatives pour l'instaurer dans les entreprises occidentales n'ont pas vraiment été couronnées de succès. Des géants comme Pepsi, IBM et Pizza Hut ont initié leurs employés aux bienfaits de la sieste de quinze minutes et aménagé des espaces adaptés, comme les coins sommeil dans l'*open space* ou les salles de sieste, avec éclairage tamisé et plantes en pots. Des livres à succès sur le thème « Dormir pour réussir » ou « L'Art de la sieste au bureau » énumèrent les bénéfices du petit somme sur le lieu de travail et prédisent, l'un après l'autre, qu'il va devenir un élément clé de la journée de labeur. Pourtant, une telle rhétorique du bien-être n'y a pas suffi, et ces tentatives ont presque toutes échoué, jusqu'à mettre en faillite les quelques start-up qui s'étaient spécialisées dans la vente aux grands groupes d'espaces et de conseils pour le sommeil. Peut-être est-il difficile de modifier nos habitudes acquises de sommeil, mais aussi, il faut croire, d'intégrer les injonctions variées qu'on nous lance au fil d'une journée de travail. L'obligation de faire la sieste en est juste une de plus. L'ironie du sort, c'est que l'obligation de dormir comme l'empêchement de dormir sont au service du même maître : le dogme incontesté de la productivité économique.

On est ici face à un cas typique, et non moins troublant, d'injonction contradictoire. D'un côté, nous devons apprendre à habiter un monde du commerce et de l'information qui ne dort jamais, et, de l'autre, il nous faudrait avoir, nous est-il dit partout, et de plus en plus, le bon nombre d'heures de sommeil paisible et ininterrompu. Les deux ne sont pas très compatibles, bien sûr, et le fossé ouvert par ces injonctions contradictoires est aussi un bon terrain où gagner de l'argent. Des spécialistes vous proposent de reprogrammer entièrement votre temps de sommeil, et les laboratoires pharmaceutiques, de vous vendre les comprimés qui vous y aideront. Au lieu de reconnaître simplement qu'on nous soumet désormais à des impératifs inconciliables, on préfère y trouver un créneau juteux.

Et comment arriver à revenir au vieux rythme du sommeil et de la veille, ou à ce qu'on pense l'être, si l'on est censé rester en état d'alerte permanent ? Nos téléphones, nos ordinateurs portables et nos autres appareils continuent pendant notre sommeil d'enregistrer dans leur ordre d'arrivée les demandes qui nous sont faites, si bien que de nouvelles applis ont été mises au point pour nous en protéger : elles promettent de nous déclarer indisponibles, de mettre entre parenthèses messages et sollicitations. Il nous faut donc nos téléphones et nos ordinateurs pour nous protéger de nos téléphones et de nos ordinateurs. Puisqu'il faut bien sûr penser à télécharger l'appli, à l'activer et à la surveiller, pendant qu'elle-même est censée nous surveiller.

Il est utile d'évoquer, à ce stade, cette lecture classique du coucher des enfants qu'est depuis sa sortie en 1947, et toujours aujourd'hui, le livre *Bonsoir lune*[6], où chaque objet, dans la maison du lapin, est nommé pour pouvoir lui dire au revoir : un téléphone, un ballon rouge, une maison de poupée, une petite souris, deux chatons et une paire de gants… Rien de plus reposant, sans doute, que cette symétrie parfaite entre les objets nommés et les objets à qui souhaiter bonne nuit, sauf que bizarrement le premier d'entre eux à être nommé est le seul aussi à qui dans le livre on ne souhaite pas bonne nuit : le téléphone.

Reste que ce rapport aux sollicitations extérieures tient en entier désormais dans les téléphones et les tablettes qu'on pose sur nos tables de nuit en se couchant, et qu'il nous soumet non seulement aux appels, comme les téléphones d'autrefois, mais aussi aux sms, aux emails et à toutes sortes de contenus et de messages venus des réseaux sociaux. Les études qui semblent démentir une telle soumission sont peut-être elles-mêmes symptomatiques à leur façon[7]. Quand on leur demande s'ils se sentent davantage concernés par les messages de travail qu'ils reçoivent sur leur ordinateur ou leur téléphone après la fin de leur journée de travail, beaucoup de gens répondent que c'est tout le contraire, et qu'ils sont tout à fait capables d'éteindre leurs appareils. Ce qui révèle sûrement une autre composante essentielle de l'époque : la pression qui nous pousse à prétendre que tout va bien, si différente de ce qui se passait au XXe siècle quand, justement, on nous autorisait et même nous incitait à montrer que ça n'allait pas bien.

Le sociologue Erving Goffman a distingué l'espace social quotidien et celui des « institutions totales » comme les prisons et les asiles psychiatriques. Dans l'ordinaire quotidien du travail, a-t-il montré, nous répondons à tous les affronts faits à notre estime de soi par des expressions réactives qui nous permettent de sauver la face : air maussade, mine renfrognée, refus de surseoir, manque d'enthousiasme, apartés hostiles, répliques ironiques, et ainsi de suite. Mais dans les institutions totales, estime Goffman, ce qui nous permet de formuler ces réactions défensives est aussi ce qui va faire de nous des cibles. Le détenu est incapable de mettre un peu de jeu entre lui et sa pénible incarcération, puisque les moyens d'y parvenir pourraient venir à leur tour justifier la punition qu'on lui inflige. Au-delà de la question de la punition, il est crucial, ici, de comprendre comment l'air renfrogné ou le commentaire ironique en viennent à définir la personne qui les adopte, plutôt que sa réponse à une situation terrible, dans laquelle il n'y avait pas d'autre recours.

Comme l'écrit Goffman, chaque signe qu'un individu est ainsi lâché ou acculé, chaque signe d'« affiliation » dans son langage, est ensuite interprété comme le signe qu'il refuse ou s'isole délibérément, comme un signe de « désaffiliation[8] ». Si le patient d'un asile se trouve placé à l'isolement, tout nu et sans aucun moyen d'expression, on ne verra jamais comme des réactions légitimes qu'il lacère son matelas ou écrive sur les murs de sa cellule avec ses excréments : ce seront, au contraire, les preuves définitives qu'il doit être maintenu à l'isolement. Moins les gens sont capables de se faire entendre, plus leurs efforts risquent d'être utilisés pour justifier leur sanction. Et de fait, le personnel bien souvent est tellement débordé qu'il ne peut plus remarquer chez les patients autre chose que les actes de désobéissance avérée.

Or ce que Goffman a vu comme un trait typique de l'asile et de la prison est aujourd'hui une caractéristique majeure de *tous* les espaces sociaux, dans lesquels le négatif d'une situation déteint sur les personnes et devient le signe supposé de leur atteinte pathologique. Par boucle rétroactive, des réactions légitimes, des façons simples d'exprimer son mécontentement ou son envie d'échapper à une situation – tout cela devient, en soi, une partie de la situation. En plus, on nous demande de nous montrer passionnés et impliqués dans toutes nos entreprises, de surjouer l'enthousiasme face à une occupation idiote ou à des tâches prosaïques, de simuler la complicité avec des collègues honnis. La clé de voûte, ici, est l'incitation incessante à s'auto-évaluer et à s'évaluer les uns les autres. Et tout cela, en fin de compte, condense peut-être le malaise de tant d'insomniaques, qui disent être obsédés, une fois allongés dans leur lit, par la question de savoir s'ils s'en sont bien sortis pendant la journée qui s'achève, s'ils ont fait ou non tout ce qu'il fallait.

4

Éviter la complexité

On serait tenté de penser que l'érosion, dont parle Goffman, des espaces où l'on a une marge de manœuvre, où l'on peut marquer une distance face aux demandes qui nous sont faites à longueur de temps devrait déboucher sur la quête d'un espace de substitution où accomplir la même chose, qui se trouve peut-être, justement, à la frontière de la veille et du sommeil. Allongés sur notre lit avant de dormir, c'est bien ce qui nous vient à l'esprit : ces airs renfrognés, ces apartés offensifs, ces commentaires ironiques qu'on aurait dû faire mais qu'on n'a pas faits, plus les gestes de revanche ou les tactiques de représailles qui auraient été nécessaires pour préserver notre dignité. Comme l'écrit la romancière mexicaine Chloe Aridjis, c'est à ce moment-là que « deviennent radioactives les pensées qui n'avaient émis pendant la journée qu'un faible rayonnement[1] ». Mais même dans l'intimité du lit, l'institution totale dont parle Goffman est encore là. L'un de mes patients le formule ainsi : « Je reste allongé comme ça pendant des heures, à revenir en détail sur ma journée, encore et encore, à me demander ce que j'ai vraiment accompli, encore et encore et encore. » Cette question de ce qui a pu être accompli pendant la journée devient très vite, évidemment, celle de savoir ce qu'on a mal fait, ou pas fait.

Il est vrai que presque toutes nos interactions ont pour corollaire, désormais, la demande d'un *feed-back*, comme si le comportement humain était, plus encore que le reste, quelque chose qu'il faudrait sans cesse travailler et améliorer. Sur ce point, on entend souvent dire que l'intelligence artificielle pose un grave problème, dans la mesure où elle va faire que nos machines nous ressemblent de plus en plus, avec toutes les menaces et les inconnues qui en découlent. Mais n'est-ce pas plutôt l'inverse ? Dans les années 1940 et 1950, les pionniers de la recherche sur l'intelligence artificielle essayaient de trouver un moyen pour que les machines exécutent des ordres mais aussi, plus essentiellement, soient capables ensuite de se demander comment elles ont fait. Tout le problème était d'intégrer le *feed-back* dans la tâche suivante, ou dans l'ordre donné. Mais ce qui était considéré il y a un demi-siècle comme le fonctionnement idéal d'une machine est devenu aujourd'hui la ligne de conduite imposée à l'existence humaine normale.

Là où les machines de première génération relevaient surtout du métabolisme énergétique des moteurs – de la transformation, autrement dit, d'une forme d'énergie en une autre –, les machines mises au point pendant la Seconde Guerre mondiale sous l'appellation de « servomécanismes » essayaient de simuler en elles un comportement guidé par des objectifs. La comparaison entre ce qu'elles accomplissaient et un état idéal devenait, par boucle rétroactive, un élément clé de leur fonctionnement à venir. En somme, le servosystème ne réagissait pas seulement à l'environnement extérieur, mais aussi à la réponse que lui-même avait apportée à l'environnement extérieur. Cette innovation a été précieuse pour fabriquer des missiles intelligents, capables de trouver leur cible – sauf que, progressivement, elle a signifié, beaucoup plus largement, que ce n'étaient plus les machines qu'on assimilait aux humains mais bien, dorénavant, les humains aux machines.

Désormais, c'est à nous d'incarner dans nos vies les procédures que ces machines étaient censées simuler ; d'ailleurs, avec ses *feed-back*, « boucles rétroactives » et autres « boucles récursives », le vocabulaire mis au point pour ces nouvelles technologies a glissé peu à peu des machines aux humains. Drôle de glissement, au terme duquel ce sont les femmes et les hommes, et plus seulement les machines, qui passent leur temps à se demander comment ils ont fonctionné, comment ils pourraient améliorer leurs performances, quelles sont leurs forces et leurs faiblesses – exactement les questions que les premiers servosystèmes étaient censés se poser. Et comme ces machines et tous leurs descendants plus élaborés, aujourd'hui nous sommes toujours en position allumée, de moins en moins capables d'imaginer un monde dans lequel *on* et *off*, *allumer* et *éteindre* auraient encore un sens.

Il n'est pas jusqu'aux émissions de variétés à la télévision où l'on ne regarde plus seulement des chanteurs, des danseurs et des animateurs, mais aussi, et surtout, un jury assis derrière eux en train de les juger. Ce que nous regardons sur l'écran, c'est de l'évaluation à l'état pur ; c'est la question de savoir comment on a fonctionné transformée à son tour en un spectacle, alors même que, derrière les sourires forcés, la souffrance et la déception des participants sont bien palpables. On ne se contente plus de regarder et d'écouter quelqu'un chanter, mais chanter pour être jugé. Des émissions comme *The Voice* ou *Qui décrochera le job ?* vont toutes dans ce sens-là, la fascination des téléspectateurs tenant beaucoup moins à ce qu'accomplissent effectivement les candidats qu'à la dureté et à la sévérité de leur évaluation. La question pour nous tous, comme elle l'était pour les machines, n'est plus seulement de faire les choses, mais de faire les choses puis de se demander aussitôt comment on pourrait les faire mieux.

Bizarrement, les gagnants de toutes ces émissions de téléréalité, au lieu d'accéder à la carrière (de chanteur ou autre) que leur promettait l'émission, deviennent souvent ensuite les candidats d'autres émissions. Qui l'emporte à *La Nouvelle Star* pourra continuer dans *The Voice*, et qui était le dernier en lice dans *The Apprentice*, aux États-Unis, sera le premier candidat de la saison suivante de *Big Brother*. En circulant ainsi d'une émission à l'autre, ces candidats révèlent que leur nouveau métier est simplement de rester visible et expertisé en continu, examiné chaque fois par un nouveau jury et un nouveau public. Leur « carrière » consiste en fait à être évalué en public, rien de plus.

Ces émissions sont également symptomatiques du déclin moderne des figures d'autorité. Les sciences sociales nous racontent par le menu comment les figures paternelles les plus variées sont toutes passées du statut de législateurs mythiques façon Moïse à celui de clowns sans pouvoir – un récit qui signale d'ailleurs, en lui-même, que le désir est peut-être fort de revenir à l'autorité paternelle. À mesure que les forces sociales et juridiques limitent (ou tentent de limiter) l'exercice incontrôlé du pouvoir patriarcal, un vide nouveau se crée qui, au lieu d'être comblé par une forme inédite de parité, pourrait bien favoriser le retour d'un déséquilibre. Et à mesure que la figure d'autorité se soumet peu à peu à la loi, qu'elle voit son exercice du pouvoir strictement encadré par une régulation interne et des sanctions externes, elle refait surface en tant que divertissement dans des émissions télévisées, où elle humilie et rabaisse les participants, ne suivant que l'arbitraire de son caprice sans aucun égard pour leur bien-être ou leur dignité. Ainsi, dans une époque où les médias dénoncent toutes les formes d'autorité arbitraire, voilà ce que les gens choisissent de regarder à la télévision, par une sorte de retour du refoulé déguisé en émission de variétés.

À l'évidence, cette logique a connu un développement supplémentaire avec l'élection de Donald Trump en 2016. Lui qui devait une large part de sa notoriété à une émission télévisée, *The Apprentice*, dans laquelle il jouait justement ce rôle de l'autorité arbitraire et capricieuse devenue en elle-même une forme de divertissement. Mais son entrée à la Maison Blanche, pour nombre d'Américains, n'avait dès lors aucun sens : le curieux sentiment qu'éprouvèrent des millions d'entre eux de vivre une situation complètement irréelle renvoyait à l'inversion d'un processus psychique. Rien à voir avec l'élection de Ronald Reagan, par exemple, le second rôle de cinéma devenu président des États-Unis : les gens pouvaient alors trouver la surprise risible ou déplaisante, mais pas aussi troublante que celle de Trump, qui a hérité, lui, du rôle exact dont son personnage public dans *The Apprentice* avait été une sorte de satire dérisoire, et de compensation symptomatique.

Les visions d'avenir autour du mariage harmonieux de la vie humaine et de la technologie ont, dans ce domaine, à la fois tort et raison. Il ne fait aucun doute qu'aura bien lieu une incursion progressive de l'intelligence artificielle dans la vie de tous les jours et dans le champ élargi des services humains, mais il ne fait aucun doute non plus qu'elle sera mal ajustée à l'humain, qu'une rupture ou un grave malaise va se faire jour entre les machines et nous. On ne saurait remplacer un médecin par l'intelligence artificielle, mais cela n'empêchera personne d'investir dans des projets d'automatisation de nombreux services médicaux. L'essentiel, ici, serait de reconnaître ce qui nous arrive : non pas un beau moment de lucidité digne des Lumières où l'on comprendrait enfin ce que les machines peuvent et ce qu'elles ne peuvent pas ; mais, au contraire, l'époque d'une pression croissante exercée sur nous pour que nous nous comportions tous comme des machines. Si un médecin automatisé farci d'intelligence artificielle ne nous satisfait pas, cela signifiera que c'est nous qui devons changer, et pas lui. Il nous faudra devenir cette chose, quelle qu'elle soit, qu'un robot rempli d'intelligence artificielle est capable de guérir.

Ce qu'on écrit sur le sommeil est un bon reflet de tous ces changements. Il suffit de comparer les publications spécialisées des années 1960-1970, scientifiques ou de vulgarisation, avec celles d'aujourd'hui. Celles-là sont souvent mesurées, soucieuses d'humanité, on y reconnaît que la vie peut être difficile ; alors que celles-ci, pour la plupart, postulent un monde fantasmatique où les gens vivraient des vies riches, intenses et pleinement satisfaisantes, du moment qu'on y aurait réglé leur compte à des problèmes de sommeil imputés à des facteurs strictement exogènes, et donc modifiables par un simple changement de comportement.

Quand j'achète mon café du matin, je demande toujours à la serveuse si elle s'est réveillée fraîche et heureuse, impatiente de commencer sa journée. On en rit chaque fois, tant l'idée est absurde, et pourtant le postulat de ce genre de vie épanouie est bien ce qui sous-tend l'hygiène contemporaine du sommeil. Là où Ernest Hartmann commençait son essai pionnier de 1978, *Le Somnifère*, en écrivant que « la vie, dans une certaine mesure, est faite de souffrance et de chagrin », Matthew Walker a un tout autre son de cloche en 2017, dans son best-seller *Pourquoi nous dormons*, où il chante les louanges d'un homme invincible, supérieur à tous les animaux, champion de toutes les espèces vivantes, qui devrait à son sommeil sa puissance de raisonnement et de créativité[2]. Le sommeil avec mouvement oculaire rapide – on y reviendra – aurait permis à l'homme, selon Walker, d'« accéder rapidement au pouvoir dans l'échelle de l'évolution » et aurait formé une « superclasse sociale mondialement dominante ». Le sommeil, ajoute-t-il, « recalibre les circuits du cerveau émotionnel, nous aidant à nous frayer un chemin, la tête froide, en pleine maîtrise, à travers les défis sociaux et psychiques de la journée qui commence », et nous lui devrions notre « aptitude rationnelle à déchiffrer le monde social qui nous entoure ».

Alors que Gay Luce et Julius Segal commencent leur classique de 1969, *L'Insomnie*, en affirmant qu'il « n'y a qu'une solution pour échapper à coup sûr à l'insomnie [...] : ne pas être né », l'expertise plus récente sur le sommeil semble ne laisser aucune place à la faiblesse humaine et au bouleversement des vies. On peut lire, par exemple, que le sommeil aurait fait de nous autres humains « des communautés stables, astucieuses affectivement, intenses socialement, avec un haut niveau d'interaction et de convergence », un diagnostic qu'on a quelque mal à valider pour peu qu'on écoute les nouvelles du matin ou se penche un instant sur l'histoire du monde. Entre l'obligation de vendre des idées nouvelles en dissimulant les réalités de la vie humaine et les effets de la rétroaction défensive dont parlait Erving Goffman, nous nous retrouvons aujourd'hui contraints à chanter le refrain du bien-être, à afficher en toutes circonstances enthousiasme et attitude positive. Si vous n'avez pas le sourire, c'est que vous avez un sérieux problème, comme en témoigne la façon dont les émojis sont censés nous représenter au fil de la journée. Nous avons tant de mal à accepter la complexité des émotions réelles que ces petites icônes caricaturales en sont venues à les remplacer, littéralement, pas seulement dans nos sms et nos emails mais aussi dans nombre de disciplines à prétention scientifique.

Alors que, dès les années 1920-1930, la vision darwinienne simpliste des émotions a pu être invalidée, et qu'on en a montré la naïveté et l'inadéquation totale, elle est aujourd'hui la matrice de nouvelles expériences scientifiques. La vieille théorie du XIXe siècle était qu'il y avait six à neuf émotions fondamentales, liées chacune à des formes d'expression physiologique qu'on retrouvait dans toutes les cultures. La colère, la joie et le dégoût étaient ainsi considérés comme des substances réelles, des choses en soi, que le visage humain révélait sans aucune ambiguïté. Puis l'anthropologie et la psychiatrie sont venues démontrer, au contraire, que ces formes d'expression prenaient place dans un système d'échanges et de communication avec les autres, qu'elles étaient donc socialement déterminées et indissociables d'attentes et de postulats propres au groupe humain concerné. Isoler quelqu'un du groupe et filmer les expressions de son visage ne révélera donc aucune vérité, puisque nous avons tous intériorisé le système social dans lequel nous avons été formés. Autrement dit, nous portons des masques, même quand nous sommes seuls.

On montre à un patient sous scanner cérébral la photographie d'un visage souriant ou furieux, et de la trace d'oxygénation dans le sang qui en résulte sur l'écran on infère l'existence d'un état de bonheur ou de colère. Les indices utilisés peuvent être plus subtils – des images ou des mots qu'on a jugés plus ou moins dérangeants ou agréables –, mais la logique est toujours la même. On identifie directement les expressions du visage à un nombre préétabli d'émotions innées qu'on aurait héritées en droite ligne de l'évolution humaine. Plutôt que d'être mis en rapport avec leur histoire particulière, ce que les gens éprouvent se trouve corrélé à certains éléments « objectifs » censés incarner le Bien ou le Mal, le positif ou le négatif. C'est exactement le monde des émojis, dans lequel la complexité des émotions humaines est réduite à quelques traits qu'on pourrait isoler les uns des autres. L'émoji nous dit « voilà comment je me sens », mais à l'inverse, ce que nous dit la vie réelle, sans oublier la littérature mondiale et probablement l'ensemble de la culture humaine, c'est qu'il est impossible de compartimenter les émotions et qu'elles peuvent toujours se métamorphoser ou se fondre les unes dans les autres.

De même que la peur et le désir peuvent fluctuer et se faire les deux pôles d'une même équation, de même l'attirance et le dégoût peuvent très bien s'équivaloir : « La tristesse et la colère sont la même chose pour moi, aucune différence », me dit par exemple un patient. « Ma peur est devenue du désir sexuel », explique un autre. « Je me suis sentie à la fois dévastée et libérée », confie une troisième à la mort d'un proche. Du coup, quel émoji devrait-elle choisir ? Les anthropologues nous ont montré il y a longtemps déjà que les émotions font partie de l'attitude sociale, qu'on les éprouve et leur donne du sens en fonction de nos interactions et de nos rapports avec les autres, et qu'elles sont organisées selon des règles culturelles d'expression bien précises. Comme l'explique l'historienne des émotions Ruth Leys, les sportifs olympiques qui viennent de remporter une médaille d'or affichent sur le visage une grande diversité d'expressions au cours de la cérémonie, mais s'ils sourient ce n'est qu'au contact des officiels et du public, démontrant par là que le sourire n'est pas une réponse naturelle préprogrammée indexée sur une émotion sous-jacente, mais quelque chose que l'interaction sociale seule vient susciter[3].

Pourquoi, alors, ce retour à des notions qu'on avait réfutées il y a si longtemps ? Ruth Leys renvoie à l'impératif moderne de déchiffrement des gens par les signes du corps, comme si un état intérieur spécifique et isolable venait s'imprimer sur le visage. Les observateurs bien formés peuvent dès lors accéder à la vérité intérieure de quelqu'un par un simple acte de lecture, sans que soit en jeu aucune idéologie ni aucun régime de signification. Les émotions elles-mêmes deviennent des produits qu'on peut localiser, mettre en avant, séparer les uns des autres, des marchandises dont il faut bien différencier les aspects et estimer la valeur. Au début des années 1990, j'enseignais à Paris, au moment de l'ouverture du parc Eurodisney. Le parc proposait des petits boulots aux étudiants de mon université, avec pour mission de se promener dans les allées en souriant et d'accueillir chaleureusement les premiers visiteurs. Cette mine réjouie qui justifiait alors une (modeste) rétribution, nous n'avons aujourd'hui plus d'autre choix que de l'afficher partout. Ce qui était hier un accessoire de théâtre donnant droit à rémunération est désormais le degré zéro de toutes les transactions humaines.

Plus nos sociétés marchandes ont atomisé le corps social, et transformé les « citoyens » en « individus » compris comme autant d'unités économiques isolées en concurrence les unes avec les autres pour l'accès aux biens et aux services, plus la recherche en psychologie du XXe et maintenant du XXIe siècle leur a fourni son soutien actif[4]. Le sujet humain est moins, désormais, un élément au sein d'un groupe social, avec des responsabilités collectives et des devoirs, qu'un agent d'action autonome doté de droits et défini par des objectifs instrumentaux unidimensionnels : la quête de la richesse, du bonheur, de la réussite et de la santé. Alors que la psyché humaine a eu pendant des siècles le conflit pour trait majeur – le conflit entre la raison et l'émotion, entre la volonté et l'éducation, entre le moi et l'inconscient... –, tout se passe dorénavant comme si l'âme était sans conflit, tendue simplement vers un seul objectif, sans équivoque possible.

Encore une fois, la comparaison parle d'elle-même entre les livres sur le sommeil des années 1960 et ceux d'aujourd'hui. Pour Gay Luce et Julius Segal, en 1969, c'est la même personne qui reste allongée dans son lit sans trouver le sommeil et qui a souffert ici et là au fil de sa journée, « la même personnalité qui aime et qui déteste, qui rit et qui pleure, et qui glisse d'un seul coup de la tranquillité à l'angoisse[5] ». En revanche, dans l'univers des hygiénistes du sommeil d'aujourd'hui, il n'y a pas de contradiction possible. Deux règles simples, selon eux, dictent le comportement de la plupart des humains et des animaux, et gouvernent plus largement la vie elle-même : « se protéger de ce qui peut faire du mal, et essayer d'accomplir ce qui peut faire du bien[6] ». Telle est la « science » du XXIe siècle. Derrière un tel axiome, nous explique-t-on, on trouve les émotions qui nous poussent à réessayer après avoir échoué, à nous mettre à l'abri du danger potentiel, à tout faire pour atteindre des résultats bénéfiques et gratifiants, à nouer et à entretenir des relations sociales ou romantiques. Drôle d'univers à une seule dimension, dans lequel on dirait que, s'il existe un endroit où reconnaître qu'on peut très bien aspirer à des choses contradictoires – à la fois à la réussite et à l'échec, à la richesse et à la pauvreté, à la santé et à la maladie –, c'est dans *La Guerre des étoiles* qu'on le trouvera. La saga joue sur cette vieille idée, dont on nous berçait quand nous étions enfant, qu'on a tous en nous quelque chose de spécial qui sera reconnu un jour, quelque chose que le film appelle la « Force » et qu'il nous resterait à découvrir. Mais au fond, les récits qui composent cette saga tournent tous autour de ces quelques moments clés où un personnage se trouve tiraillé entre des allégeances contradictoires, la « Force » et son « côté obscur », comme si jamais l'affaire n'était réglée définitivement et que l'essence de notre être tenait à ce conflit terrible entre tendances opposées.

Dans le cas évoqué plus haut, le désir de dormir était en conflit avec celui de voir son insomnie reconnue et diagnostiquée. En se concentrant sur l'un seulement de ces versants, on prend le risque de négliger l'autre et de perdre ainsi de vue la cause profonde des difficultés éprouvées. Et par là, de ne plus pouvoir aider la personne à aller de l'avant. Le sujet humain est traversé de brèches et de divisions, et méconnaître en lui ce qui ressemble à un paradoxe ou une contradiction aura toujours un coût. Ne pas dormir peut être une expérience pénible mais peut, aussi bien, jouer un rôle précis, venir actualiser une punition, ou constituer un appel pour qu'une autre douleur enfin soit reconnue.

5

Qu'est-ce que le sommeil ?

Tandis que l'éclairage artificiel, la nouvelle éthique du travail et l'essor du capitalisme industriel modifiaient l'approche du sommeil, le sommeil biphasique passait pour une anomalie dès la fin du XIXe siècle. Alors que pendant des siècles on ne s'était pas inquiété de ce réveil en pleine nuit, qui appartenait au cours normal des choses, il devenait une forme pathologique du sommeil. Les traités de médecine comme les manuels de savoir-vivre soulignaient désormais les dangers de cette veille nocturne, contre laquelle remèdes et médicaments inondèrent rapidement le marché.

Quand, au début des années 1930, la psychanalyste d'origine autrichienne Frances Deri reçut à son cabinet un jeune étudiant en médecine qui se plaignait de ses difficultés de concentration, ils ne discutèrent pas d'abord de son sommeil. Mais après plusieurs mois de consultation, l'étudiant lâcha au passage que son « heure de veille » était entre 2 et 3 heures du matin, comme s'il était évident que tout le monde avait une « heure de veille » au milieu de la nuit. Frances Deri l'interrogea sur ce point, et il « commença une sorte de petite conférence sur le fait que chacun, bon dormeur ou pas, avait nécessairement une heure en pleine nuit pendant laquelle il ne dormait pas ». Lui-même, précisa-t-il, se mettait au lit vers 10 ou 11 heures du soir, dormait paisiblement jusqu'à 2 heures du matin, se réveillait alors pour une heure, sans difficulté, avant de se laisser gagner de nouveau par le sommeil et de dormir jusqu'à 7 heures. Commentaire de Deri : « Il ne fut pas facile de le convaincre que cette heure de veille relevait du symptôme[1]. »

Cette scénette a ceci de remarquable que les déclarations du patient sur son rythme de sommeil recoupent précisément la structure originelle du sommeil humain telle que décrite par les historiens et les anthropologues. Sauf que celle-ci avait fait son temps, au moment où cette scène avait lieu. L'analyste essaie donc de lui faire comprendre que son rythme de sommeil est anormal, que c'est un symptôme qui exige un traitement, alors que lui ne fait que suivre la tradition de sommeil biphasique de ses ancêtres. Ce qui n'aurait jamais éveillé l'attention un demi-siècle plus tôt était devenu, dans les années 1930, un signe pathologique.

On voit ici à quel point nos normes en matière de sommeil déterminent ce qui est sain et ce qui relève de la « pathologie ». Le patient de Deri ne faisait peut-être que suivre un rythme ancestral de sommeil, mais puisque la nuit d'une seule traite était alors devenue la norme, le sommeil biphasique devint le problème. Et, même à une époque où le sommeil d'une seule traite est vu par beaucoup comme son état naturel, on invente des pathologies nouvelles chaque fois qu'on transforme la dernière opinion sur le sujet en un fait « objectif » : les spécialistes du sommeil peuvent très bien recommander huit heures ici et sept heures là, de même que des irrégularités respiratoires du sommeil semblent secondaires à certains moments et, à d'autres, des signes indubitables de maladie.

C'est en lien avec ces changements que le terme « insomnie » a pris dans les dictionnaires de la fin du XIXe siècle un sens médical plus grave que le vague état d'absence de sommeil qu'il désignait jusqu'alors. Au même moment, les dernières pages des journaux et des magazines ont commencé à se couvrir de publicités pour des produits garantissant le sommeil. Des poudres, des onguents, des potions et des enduits variés promettaient des nuits paisibles. Et alors qu'avant la seconde moitié du XIXe siècle, les troubles les plus étudiés concernaient les difficultés d'endormissement, le problème majeur, cette fois, était le réveil en pleine nuit. Roger Ekirch explique que pendant cette période on s'est mis à confondre peu à peu la difficulté initiale à s'endormir avec la difficulté à *rester* endormi toute la nuit, laquelle était souvent rapportée, dans les traités médicaux ou les textes de vulgarisation, aux pressions de la vie moderne[2].

À la fin des années 1860, un homme d'affaires new-yorkais pouvait se plaindre, par exemple, que « des rapports soient publiés chaque jour sur l'état des grands marchés, et les nouveaux clients annoncés sans cesse par télégramme ». Il se sentait par conséquent « maintenu dans une excitation continuelle, sans avoir le temps de [s]e calmer ou de [s]e reposer », revenait le soir chez lui « après une longue journée de labeur et d'effervescence, pour dîner sur le tard et essayer dans le cercle familial d'oublier [s]es affaires du jour, quand un télégramme de Londres venait soudain [l']interrompre ». Selon un autre commentateur, écrivant dans les années 1880, « il faut attribuer la nouvelle absence de sommeil, dans une large mesure, à la disparition effective du temps et de l'espace induite par nos chemins de fer et nos télégraphes, à la compression qui s'ensuit des travaux de plusieurs mois en heures ou juste en minutes, à la terrible concurrence ainsi favorisée entre toutes les sortes de commerces et à l'activité mentale intense que suscite la course folle à la richesse et à la renommée, une course dans laquelle la force nerveuse et spirituelle de l'homme se mesure à l'aune de la vapeur et de la foudre ».

Un article sur l'insomnie, paru en 1894 dans le *British Medical Journal*, explique à son tour qu'on peut « à raison » en tenir pour responsables « la hâte et l'excitation de la vie moderne[3] ». Dans des termes qui ressemblent de façon saisissante à ceux qu'on emploie aujourd'hui, la « terreur chronique » de l'insomnie se trouve alors renvoyée aux nouvelles technologies qui annihilent le temps et l'espace. Si la révolution industrielle a accouché de l'idée qu'une nuit de sommeil doit se faire d'une traite, c'est à elle aussi, et aux changements sociaux qui l'ont accompagnée, qu'on doit nos idées modernes sur ce qui nuit au sommeil et sur les remèdes à y apporter. Et en ce début de XXIe siècle, un cran de plus a été franchi, dans cette même direction, quant à notre approche des troubles du sommeil. Si l'on reconnaît toujours que le « stress » et l'« inquiétude » peuvent être des causes d'insomnie, on n'hésite plus à attribuer ceux-ci, en sens inverse, au manque de sommeil. Plus on explique de problèmes humains par les troubles du sommeil, plus semble illimitée la nocivité de ces derniers. Il n'est pas jusqu'aux états dépressifs, qu'on liait hier au chagrin ou à la colère rentrée, et du coup à un déséquilibre chimique dans le cerveau, qui ne soient rapportés désormais au manque de sommeil.

Si effectivement ce qu'on attend du sommeil à une période historique donnée détermine nos façons de le penser et de l'aborder, est-ce à dire que tout ici est relatif ? Y aurait-il un nombre d'heures immuable de sommeil dont notre corps aurait besoin, ou bien tout dépend-il des normes socioculturelles ? Choisir entre le social et le biologique pour penser le sommeil, c'est passer à côté de la question, les deux ne pouvant être aussi nettement séparés l'un de l'autre. Alors que ces normes ont évolué au fil des siècles, on ne peut pas nier non plus que les gens à toutes les époques ont souffert du manque de sommeil, cette souffrance elle-même fût-elle comprise et analysée différemment selon les contextes.

Il y a une grande part de vérité dans les variations pointées par les historiens, notamment l'essor des pathologies du sommeil au cours du XIXe siècle, en lien avec le développement du travail en usine, de l'éclairage artificiel et du marché moderne ; mais, en même temps, se concentrer sur les publications médicales apparues alors, c'est risquer de perdre de vue une tradition bien plus ancienne, qui rappelle qu'à toutes les époques les gens ont eu des difficultés nocturnes. Si on délaisse les traités de médecine pour s'intéresser aux livres de cuisine, par exemple, on verra que depuis des siècles des recettes culinaires sont mises au point pour aider les gens à dormir ou apaiser leurs angoisses nocturnes.

Alternant avec les recettes familiales et les plats de grand-mère, il y a toujours eu ceux qui « favorisent le sommeil ».

Mais dans ce cas, qu'est-ce que le sommeil ? Georgia Byng, l'autrice de la série *Molly Moon*, du nom de la fillette qui utilise l'hypnose sur son entourage, fait remarquer que les thérapies du sommeil partent presque toutes d'une image d'inertie ou de repos passif et d'un principe de relaxation à mettre en œuvre, comme si « on n'accédait au sommeil que par la ruse et la tromperie[4] ». Il faut convoquer les images d'une mer bleue étale ou d'un pré vert et tranquille pour désactiver les pensées qui nous tenaient éveillé, ou juste pour atteindre le *bon* état de veille. Qu'il faille en passer par une telle gymnastique mentale tend à suggérer que le sommeil ne serait pas vraiment un état naturel et, s'il faut tricher avec soi-même pour y accéder, qu'il y aurait même incompatibilité entre le sommeil et le soi.

Une fois atteint, le sommeil peut aussi facilement nous échapper. Étonnamment, il a fallu attendre une période assez récente pour que la recherche sur le sommeil prétende enfin apporter une réponse valable à la question de savoir pourquoi nous dormons. Malgré une abondance de théories sur le sujet, les traités de biologie de la fin du XIXe jusqu'à la fin du XXe siècle continuaient, pour la plupart, à présenter le phénomène du sommeil comme un mystère irrésolu. Là où la respiration admet une explication physique assez simple – on inspire de l'oxygène et on expire du dioxyde de carbone –, c'est loin d'être le cas du sommeil. Si sa fonction est strictement physiologique, quelle est exactement son action ? Et si elle est également psychologique, quel est son but ?

Nous prenons pour une évidence que le sommeil permet à l'organisme de se recharger, comme une batterie. Ce serait donc un état naturel consécutif à l'activité humaine, et provoqué par la fatigue ou l'épuisement. Pourtant, ces explications évidentes ont été soigneusement évitées par tous ceux qui s'intéressent un peu sérieusement à la question. Ne serait-ce que parce que les personnes inactives dorment autant sinon plus que celles qui font du sport toute la journée, rendant moins qu'évident le rapport entre le sommeil et l'activité. Le psychologue suisse Édouard Claparède a même expliqué que le sommeil, en fait, était une défense de l'organisme contre la fatigue, et non pas son résultat, tandis que de nombreuses expériences montraient que les gens qu'on maintient en état d'éveil artificiel très longtemps peuvent ensuite avoir beaucoup de mal à s'endormir[5].

Et si le sommeil était la conséquence de l'épuisement, l'insomnie serait-elle si répandue ? Quant à l'image de la batterie, l'idée qu'il nous faudrait refaire le plein d'énergie se complique dès que l'on reconnaît, comme on va le voir, que nous sommes en réalité très actifs pendant la nuit, et que la quantité d'énergie effectivement économisée par une bonne nuit de sommeil est l'équivalent en calories d'à peu près un verre de vin (80 à 130). Certes, notre métabolisme se ralentit, et température, pouls et rythme cardiaque chutent pendant le sommeil, mais son effet en matière de conservation d'énergie n'est pas aussi important qu'on a bien voulu l'entendre. Pareil pour l'énergie requise par le fonctionnement du cerveau : la consommation cérébrale d'oxygène ne tombe pendant le sommeil que de 2,8 %.

Et pourtant, personne ne doute que le sommeil soit vital. On y est poussé par les cycles circadiens et d'autres rythmes essentiels, ainsi que par les hausses et les baisses du niveau de certaines substances chimiques à l'intérieur du corps. Mais pour trouver une explication d'ensemble on a tout essayé, y compris des expériences de privation de sommeil : en observant ce qui arrive à une personne – ou, plus souvent, à un chat ou un rat – qu'on prive de sommeil, on pourrait faire enfin la lumière sur les fonctions du sommeil. La recherche en ce sens a été parfois riche, et pertinente notamment pour la médecine, mais sa logique générale reste sujette à discussion : si quelqu'un se met à avoir des hallucinations, par exemple, ou meurt après un temps de privation de sommeil, faut-il en conclure que la fonction du sommeil est de nous empêcher d'halluciner, voire de mourir ? Et s'il est vrai que la privation de sommeil affaiblit chez l'homme les capacités prédatrices et meurtrières, est-ce à dire que le sommeil a pour rôle de nous permettre de tuer… ?

Cette téléologie du sommeil se fait plus convaincante lorsqu'on comprend que le fonctionnement immunitaire et la réparation des tissus sont plus actifs pendant le sommeil – la privation de sommeil va compromettre la capacité du corps à résister à la maladie[6]. Mais alors pourquoi le sommeil, justement, plutôt que le repos ? Quel état spécifique est celui du sommeil et que nous arrive-t-il exactement pendant qu'il a lieu ? Récit habituel : durant des siècles, on aurait considéré le sommeil comme un simple état passif, jusqu'à l'apparition dans les années 1920 des techniques d'électroencéphalographie (EEG), qui permirent d'analyser l'activité électrique du cerveau pendant le sommeil, et la découverte dans les années 1950 du mouvement oculaire rapide (REM), qui aurait changé pour de bon la donne dans la compréhension du sommeil.

Des électrodes placées sur le crâne enregistrent les fluctuations des potentiels électriques, qui signalent l'activité de zones locales du cerveau. C'est la mesure de tels potentiels sur une période donnée qui dessine l'image des « ondes cérébrales », avec leurs variations importantes au fil des heures nocturnes. L'évidence qui en ressort est que le cerveau est incroyablement actif pendant la nuit, et que les données de l'encéphalogramme pendant la phase de sommeil avec mouvement oculaire rapide (REM) ressemblent beaucoup à celles qu'on peut enregistrer à l'état d'éveil. À tel point que beaucoup de chercheurs ont suggéré de ne plus parler de « sommeil » proprement dit, pour ces phases de sommeil REM, et proposé d'autres expressions : sommeil paradoxal, archisommeil, sommeil à mouvement oculaire rapide, sommeil activé, phases de rêve.

Dans les phases REM, l'encéphalogramme est celui d'un sujet qu'on dirait éveillé, alors qu'il est clairement endormi. Ses yeux sont fermés, son corps a l'air à peu près immobile, il ne réagit pas aux stimuli externes. C'est quand il travaillait pour le physiologiste Nathaniel Kleitman à l'université de Chicago que le jeune chercheur Eugene Aserinsky a qualifié ces phases du sommeil de périodes « à mouvement oculaire rapide », en insistant sur leur aspect de phases ponctuelles. Puisque ces mouvements restaient moins rapides qu'à l'état d'éveil, il avait d'abord préféré les appeler « à mouvement oculaire saccadé [*jerky*][7] », frappé par leur caractère spasmodique, mais il a abandonné cette première formulation quand certains y décelèrent des sous-entendus masturbatoires.

Il ne fut en tout cas, à partir de là, plus question de sommeil et d'éveil, mais de sommeil, d'éveil et de « sommeil REM », un état transitoire entre l'éveil et le sommeil qui semblait aux chercheurs plus proche de l'état d'éveil que du sommeil. Le sommeil « non-REM » (NREM) fut lui-même divisé en cinq, puis quatre et, plus récemment, trois phases distinctes, les relations entre ces différents états continuant à faire l'objet de recherches poussées. À l'état d'éveil, nos ondes cérébrales ont tendance à être de faible amplitude et de fréquence élevée, ce dernier point permettant de préciser le niveau d'éveil et de vigilance dans lequel nous nous trouvons. Quand la fatigue nous gagne, la fréquence diminue, et surgissent à l'écran les rythmes alpha, des ondes plus lentes typiques de l'état de somnolence.

L'amplitude des ondes cérébrales va alors croître, et on passe des rythmes alpha qui sont ceux de l'état d'éveil (très) détendu à la phase NREM numéro 1. On parle ici, en général, d'une simple étape de transition, certains chercheurs d'autrefois posant comme critère l'absence totale de rythmes alpha, tandis que la plupart de ceux d'aujourd'hui se contentent d'une activité alpha inférieure à 50 % – un débat compliqué par le fait, attesté dans les expériences du chercheur Ian Oswald, qu'environ 10 % de la population n'affiche de toute façon aucun rythme alpha. Les ondes thêta, de moindre fréquence, sont présentes à ce stade – comme elles le sont parfois à l'état d'éveil, pendant des tâches abrutissantes et très répétitives –, et c'est pendant cette phase que le sujet passe par de vives saccades, qui peuvent aller jusqu'à le réveiller, et qui nous laissent encore perplexes. Si l'on se réveille au cours de cette phase du sommeil, on peut se trouver soumis à des impressions visuelles ou acoustiques très fortes, les phénomènes « hypnagogiques », sur lesquels on reviendra.

La phase NREM numéro 2 qui s'ensuit prend 45 à 50 % du temps total de sommeil. Elle est caractérisée par des ondes de faible amplitude, avec quelques sursauts d'activité cérébrale bien plus rapide appelés les *spindles* et les K-complexes, petites ondes plus prononcées qui peuvent précipiter le réveil et le retour au rythme alpha. Un K-complexe peut apparaître sur la courbe après une stimulation sensorielle, mais celle-ci peut aussi être intégrée comme une habitude, si bien qu'un son qui déclenche au départ un K-complexe n'aura plus d'effet après avoir été répété plusieurs fois. Le fait qu'un K-complexe peut être déclenché quand le sujet endormi entend prononcer son nom suggère qu'on aurait affaire à une sollicitation partielle par des stimuli faisant sens pour lui, mais de nombreux chercheurs interprètent ce résultat en sens inverse, estimant que le K-complexe a ici pour fonction de supprimer les perturbations, acoustiques ou autres, et de garantir ainsi un sommeil ininterrompu.

Les phases 3 et 4 sont associées au sommeil profond, avec ondes faibles, et il faut noter que dans les protocoles d'expérience les plus récents on les a réunies en une seule phase – sans qu'on sache si c'est un progrès pour la science du sommeil ou juste une façon de contourner des problèmes difficiles à expliquer. Dans les phases 3 et 4 on a des ondes delta lentes, avec quelques *spindles*, et plus de 50 % de ces ondes delta en phase 4 contre 20 à 50 % en phase 3. Au départ, la phase 4 a été définie comme un court intervalle fait du sommeil le plus profond, sans K-complexes et avec très peu de *spindles*.

Une fois parcourues ces quatre phases NREM, on régresse à la phase 2 avant une nouvelle phase du mouvement oculaire rapide (REM), caractérisée par des soubresauts de mouvement oculaire, une perte du tonus musculaire, un EEG de faible amplitude qui évoque l'état d'éveil ainsi qu'un rythme cardiaque et respiratoire irrégulier. Cette phase peut durer de quelques minutes à une demi-heure ou plus, et de plus en plus de temps à mesure qu'on avance vers la fin de la nuit. Elle couvre 20 à 25 % du temps de sommeil, mais près de 50 % chez les nouveau-nés[8]. La phase 2 NREM peut venir l'interrompre, et il est significatif qu'entre une phase REM et une autre un certain temps doive s'écouler. Le cycle peut alors recommencer entièrement. L'ensemble, de la phase 1 NREM à la phase REM finale, dure en moyenne de quatre-vingt-dix à cent minutes, et pas loin d'une trentaine de transitions entre toutes ces phases peuvent être observées sur une nuit de sommeil totale de sept heures.

La première phase REM terminée, on revient brièvement à la phase 1 NREM, suivie par la phase 2, mais pendant la dernière partie de la nuit les phases 3 et 4 sont de beaucoup plus courte durée. Ces intervalles de sommeil profond à ondes lentes ont lieu surtout pendant la première partie de la nuit, et on continue à se demander pourquoi il n'y en a pas davantage. Les gens qui dorment six à huit heures d'une traite passent au total par quatre ou cinq de ces cycles NREM-REM, la première phase REM durant en général très peu de temps, suivie par un épisode de sommeil à ondes lentes. La phase REM suivante sera plus longue et, à partir de là, les cycles dureront environ quatre-vingt-dix minutes.

La durée de ces cycles est plus courte chez les nouveau-nés, soixante minutes en moyenne, montant à soixante-quinze minutes vers l'âge de 2 ans, même s'il est peu probable que la phase REM soit alors de même nature que celle enregistrée chez les enfants plus âgés et les adultes. On parle pour eux de « sommeil actif » ou « pré-REM », avec recrudescence de contractions, de sourires involontaires, de grimaces, de gestes de succion et de mouvements réflexes des yeux, des bras ou des jambes. Leur « sommeil calme », à l'inverse, présente moins de mouvements et d'activité oculaire, une respiration plus régulière et un EEG plus lent, même s'il est plus utile ici d'observer l'enfant que de lire ensuite son encéphalogramme. Chez les bébés, un autre détail passionnant est qu'ils peuvent commencer leur sommeil directement par une phase pré-REM, ce qui leur sera impossible en grandissant, l'entrée dans le sommeil se faisant ensuite toujours par des phases NREM. En matière de développement infantile, ces phases NREM apparaissent plus tard, vers l'âge de 3 à 5 mois, que la phase REM.

Le sommeil en phase REM était caractérisé par le mouvement oculaire, la mobilité corporelle et une moindre régularité cardiaque et respiratoire. Au moment où l'on fit ces découvertes, le lien avec le rêve parut être une évidence, ne serait-ce que parce que les sujets réveillés d'une phase REM se souvenaient beaucoup plus fréquemment de leurs rêves que lorqu'ils se réveillaient à l'issue d'une phase NREM. La communauté scientifique réagit avec enthousiasme, et à partir du milieu des années 1960 la recherche sur le rêve obtint aux États-Unis des subventions annuelles jugées alors considérables, près de 5 % du budget de l'Institut américain pour la santé mentale. Les chercheurs essayaient de comprendre quelles pouvaient être les fonctions biologique et psychologique du rêve, et les nombreuses expériences menées alors montrèrent que des stimuli comme le bruit et la lumière laissaient effectivement des traces, même si le sujet n'en gardait aucun souvenir conscient. Un simple bruit externe peut faire augmenter la pression artérielle de façon spectaculaire alors même que le sujet continue à dormir, sans aucune conscience de ce qui se passe.

Ces découvertes sur le sommeil confirmaient, en tout cas, qu'il ne pouvait plus être envisagé comme une forme de retrait passif hors du monde une fois les rideaux tirés et la télévision éteinte. À la fin des années 1940, le travail pionnier de Giuseppe Moruzzi et Horace Magoun sur l'inhibition active de la formation réticulaire pendant le sommeil était déjà venu valider l'idée d'*activité* nocturne[9]. Cette structure nerveuse du tronc cérébral présente des branches – appelées les « collatéraux » – connectées aux voies sensorielles et des fibres liées aux parties supérieures du cerveau, et par sa propre activité, elle pourrait avoir un effet direct sur le réveil et l'endormissement, indépendamment de tout stimulus externe. On découvrait, en somme, que le cerveau ne chômait pas pour déclencher et contrôler aussi bien le sommeil que l'éveil.

Pourtant, la découverte cruciale, ici, n'était pas que le sommeil avait plusieurs phases correspondant à des résultats distincts sur l'encéphalogramme – on le savait déjà depuis un bout de temps –, mais qu'on avait affaire à une véritable périodicité. Dans ses premiers travaux sur la mobilité des bébés endormis, Eugene Aserinsky s'était rendu compte qu'au milieu de chaque cycle d'une heure il y avait une période d'à peu près vingt minutes pendant laquelle les mouvements oculaires étaient bien moindres. Il a comparé avec les phases REM chez les adultes, et découvert le même cycle et la même période de tonus musculaire moindre. Sans jamais arriver à expliquer le processus, il a pu montrer que ces cycles REM avaient lieu à des moments bien spécifiques de la nuit. Ce qui comptait, en somme, c'était la périodicité.

Dans les expériences d'Aserinsky[10], les graphes d'enregistrement du mouvement oculaire sur une nuit entière pouvaient atteindre, une fois imprimés, près d'un kilomètre de long. La phase REM n'y apparaissait qu'une fois terminées les phases précédentes, toutes les quatre-vingt-dix minutes environ. Une phase du sommeil, donc, qui revenait périodiquement, sur un mode quasi cyclique, caractérisée sur l'encéphalogramme par des données différentes aussi bien de celles du sommeil que de celles de l'état d'éveil. La question qui a surgi alors, à laquelle on n'a toujours pas répondu, est celle de savoir pourquoi ces phases NREM puis REM se succèdent de cette façon. Quelle est la fonction de ces différentes étapes ? Et quel rôle, parmi elles, joue-t-il le rêve ?

Comme toutes les grandes histoires de percée scientifique, celle-ci est plus complexe qu'il n'y paraît. L'idée que le sommeil est un état du corps particulièrement actif était familière dès le XIXe siècle, notamment aux chercheurs européens, et le mouvement oculaire rapide ne fut dès lors qu'une demi-révélation. William Dement a beau affirmer, à l'orée des années 1950, que le mouvement oculaire rapide a été « *la* grande avancée, la découverte qui a changé les règles du jeu dans la compréhension du sommeil[11] », il n'en reste pas moins que le phénomène avait été perçu déjà des siècles auparavant et analysé scientifiquement trois à quatre décennies plus tôt.

De même, il n'est pas exact de dire qu'avant cette découverte, tout le monde prenait le sommeil pour un état de repos tranquille et inactif. En 1899, Freud publie *L'Interprétation du rêve*, un livre fondé sur le postulat d'une activité psychique intense pendant la nuit, et abordant le sommeil comme un état actif qu'il s'agit à la fois de mettre en marche et de maintenir. On y voit moins les sujets s'endormir ou tomber de sommeil que « *se faire* dormir », et, dans l'ensemble de son œuvre, Freud a consacré des centaines de pages à l'exploration de l'activité nocturne de la psyché et à l'analyse des recherches antérieures sur ces questions. Car au XIXe siècle, des spécialistes allemands du sommeil avaient déjà abouti aux notions qu'on voit aujourd'hui détaillées dans les revues de neurosciences sur le sommeil, sauf qu'au XXe siècle on a oublié cette histoire-là, et ces archives précieuses, sans doute à cause d'un mélange d'aversion, après la guerre, pour la recherche en langue allemande et d'une simple ignorance de cette langue chez les chercheurs d'aujourd'hui.

Et il est faux de penser que l'étude encéphalographique du sommeil était impossible avant la découverte du mouvement oculaire rapide, la jeune médecin puis psychanalyste Zelda Teplitz ayant déjà effectué, en 1943, une étude du sommeil et des rêves à partir d'un électroencéphalogramme, mais restée méconnue[12]. La chose n'était pas neuve, loin s'en faut, et cette technique commençait alors à être admise comme une avancée décisive. Les enregistrements électriques ont dû leur succès, au départ, à la découverte pendant les années 1930 que l'épilepsie était caractérisée, sur un graphe, par une décharge à pointes/ondes de trois cycles par seconde, et donc identifiable, de même qu'ils accréditeront l'idée, dans les décennies suivantes, que les phases spécifiques de sommeil visibles sur le graphe seraient liées à des fonctions spécifiques – ou, justement, à leur défaillance.

Partout, à partir de cette époque, on s'est mis à commenter les ondes électriques du cerveau, pas seulement dans les revues spécialisées, mais dans les journeaux, les films populaires, puis à la télévision[13]. On s'est convaincu que des données précises sur l'encéphalogramme étaient liées à des états d'esprit caractéristiques et, dans un exemple qui défraya la chronique, on vit même un chercheur annoncer d'un simple coup d'œil sur l'EEG que son sujet était en train de vérifier dans sa tête la réponse à un problème mathématique. On avait demandé à ce dernier, harnaché d'électrodes, de se détendre jusqu'à ce que l'encéphalogramme laisse apparaître un rythme alpha, puis de se concentrer sur une question d'algèbre. Quand il s'est mis à y réfléchir, il est sorti du rythme alpha, puis y est revenu avant de le quitter à nouveau, et à ce stade le chercheur responsable de l'expérience a murmuré à ses collègues qu'il était sûrement en train de faire le calcul dans sa tête. Ce petit théâtre suscite toujours un enthousiasme immédiat, dénué de tout recul critique, dans cette expérience comme dans celles que font les neurosciences contemporaines, prétendant y lire des dimensions entières de nos vies cognitive et émotionnelle.

On s'est servi des électroencéphalogrammes, il ne faudrait pas l'oublier, pour poser des diagnostics sur la personnalité d'un sujet ou même la compatibilité amoureuse de deux personnes, à peu près comme aujourd'hui on convoque l'imagerie cérébrale à tout bout de champ. Pourtant, les images colorées du cerveau en train de « clignoter », telles qu'on les reproduit dans les revues scientifiques et dans les médias grand public, n'illustrent jamais vraiment ce qu'elles sont censées illustrer, tout comme les « ondes » du cerveau ne sauraient être prises sérieusement pour des illustrations de telle pensée précise ou de tel trait de caractère. Ces cerveaux multicolores ne sont pas des images réelles, mais des cartographies statistiques, et le cerveau qu'on y voit n'est pas le vrai cerveau du sujet de l'expérience, mais un simulacre généré à partir d'un modèle statistique. On fait souvent de ce genre de cartographie fonctionnelle du cerveau un instantané aussi fiable qu'une radiographie, alors qu'il s'agit là de deux technologies très différentes.

L'imagerie par résonance magnétique fonctionnelle (IRMF) n'est pas du tout une technologie optique en temps réel comme l'est une caméra ; elle marche grâce à l'introduction dans un logiciel, qui va produire les images, de différents postulats sur le fonctionnement du cerveau.

Cela dit non pour nier l'intérêt de l'IRMf, mais pour rappeler que l'image qu'on en tire, loin d'être la représentation exacte d'un processus cérébral individuel, est surtout la représentation des valeurs statistiques qu'on y a introduites. Dans les images de l'IRMf, les couleurs vives ont beau nous impressionner, comme si chacune incarnait un processus distinct, cet usage des couleurs n'en suscite pas moins le débat, accusé de faire passer des variations quantitatives pour des différences catégorielles. L'activité neuronale, elle, n'a pas directement à voir avec les taux d'oxygénation du cerveau que nous révèlent ces images, et ce serait franchir un pas énorme, et hautement périlleux, que d'associer directement ces derniers à des processus mentaux précis[14].

Le public est tellement avide de voir la science régler tous les problèmes de l'existence humaine que ces techniques d'IRM et de scanner passent désormais pour de solides moyens, commerciaux et censément scientifiques, de dire la vérité sur notre fonctionnement à tous : sur nos attachements, notre affectivité, notre mémoire ou nos croyances religieuses. Mais dans la mesure où le balayage requiert un sujet immobile, partiellement contraint et concentré sur une tâche simple, c'est sans scrupule que ce type d'expériences réduit des aspects complexes de la vie humaine à d'éphémères situations de laboratoire : le sujet regarde un dessin animé, écoute une liste de mots, scrute quelques photos. Pendant ces tâches, on va déclarer « actives » certaines zones du cerveau, pour mieux réifier des notions qui sont pourtant aussi, manifestement, des constructions sociales, et soumises en outre au « désordre mental » du jour ou aux « émotions » qu'étudie le chercheur soucieux de sa carrière.

Les cris d'orfraie poussés par certains contre les *fake news* en ont encore offert, récemment, un triste exemple. La distinction solennelle qu'ils défendent, au nom des Lumières et du savoir, entre l'indigne propagande complotiste et l'information réellement attestée a surtout eu pour effet de voiler les motifs sociaux et économiques de la visibilité ou de l'invisibilité de n'importe quelle information – des motifs pourtant analysés depuis plus d'un siècle par les historiens et les sociologues. Car il faut un ensemble complexe de décisions et d'intérêts pour qu'un fait accède à la dignité médiatique de l'« information », et il entre dans les faits eux-mêmes une bonne dose de significations et de présuppositions surchargées de norme et de culture. On me dira que certains événements ont effectivement lieu, par exemple une éruption volcanique à Hawaï ; mais *quand*, *comment*, *pourquoi* et *dans quelle mesure* il en est fait état reste d'abord, et avant tout, une affaire de norme et de culture.

Rien d'étonnant, dès lors, qu'avec la tempête médiatique soulevée par le scandale des *fake news* tant de gens, indifférents aux logiques qui muent les faits en nouvelles, se soient pourtant émus d'une telle tendance et aient plaidé auprès du grand public, comme seule antidote à ce poison, les vertus renouvelées de la science et de l'objectivité. Mais c'était juste opposer un système de croyance à un autre et, en l'occurrence, un système inspiré par les formes les plus réactionnaires du réductionnisme scientiste du XIXe siècle, au lieu d'encourager les gens à comprendre la part de construction sociale qui intervient dans la certitude scientifique et à mettre en doute leur propre foi dans l'expertise – ce que firent, après tout, Galilée, Newton ou Marie

Curie, chacun à leur façon. Mais non : vous ferez des balayages multicolores des cerveaux la source de toute vérité ! Pas la peine de vous demander comment ils sont fabriqués, ni s'il n'y entrerait pas par hasard une part de conjecture.

6

Sommeil et mémoire

S'il est une nouvelle qui fit l'effet d'une vraie nouvelle, c'est bien la découverte du mouvement oculaire rapide (REM) au début des années 1950, la presse chantant alors les louanges des chercheurs de Chicago. On l'attribua à Nathaniel Kleitman et à Eugene Aserinsky, mais cette découverte ne tombait pas du ciel. Aserinsky a prétendu plus tard que son patron Kleitman ne s'y intéressait pas vraiment, supervisant le travail d'assez loin. Quelles que soient ces disputes de droits d'auteur, de toute façon, les premières recherches sur les cycles périodiques du sommeil humain, dès les années 1920, furent soviétiques et non américaines[1].

Même si Kleitman – qui lisait le russe – cite brièvement l'une de ces sources, elles ne sont jamais entièrement référencées ni vraiment reconnues, un effet non seulement des ego en jeu mais aussi de la Guerre froide, durant laquelle ces découvertes ont eu lieu. Les recherches russes ont montré l'existence de périodes cycliques pendant le sommeil, au cours desquelles le rythme cardiaque et respiratoire devient irrégulier et le mouvement oculaire s'accélère, ainsi que d'autres phénomènes moteurs étudiés plus tard par Kleitman et Aserinsky. Ainsi, c'est plusieurs décennies avant eux qu'on s'est intéressé aux périodicités du sommeil.

Tout l'intérêt de ces questions d'histoire scientifique est que, pour expliquer le sommeil lui-même, on renvoie souvent à sa fonction de stimulation et d'amélioration de la mémoire humaine. Depuis au moins la fin du XIXe siècle, on attribue au sommeil un rôle de consolidation des souvenirs, et on aborde la mémoire comme un phénomène riche et complexe[2]. On voit le sommeil, depuis lors, comme le moment où les idées et les impressions de la journée sont intégrées et mises en ordre, pour qu'elles puissent passer de la mémoire à court terme à la mémoire à long terme. Toutefois, en ce début de XXIe siècle, au lieu de différencier par exemple le souvenir, la réminiscence et la mémoire proprement dite, comme l'ont fait les psychologues et les philosophes, on associe de plus en plus le processus mémoriel à la seule aptitude à trouver ses mots. On soumet à des sujets des listes de mots ou de tâches avant qu'ils s'endorment et on les teste au réveil. Avec de nombreuses variantes, comme d'interrompre les phases REM ou NREM du sommeil, de fractionner le temps de sommeil, et ainsi de suite – dans ce domaine, les protocoles expérimentaux rivalisent d'ingéniosité.

On a beau distinguer mémoire déclarative et non déclarative, on continue à réduire la mémoire humaine à des séquences comportementales et au test de trouver ses mots, du moins à la concevoir selon ce modèle général : celui, comme le formulent désormais beaucoup de chercheurs, des « paquets de données ». Les spécialistes du sommeil leur accordent une importance capitale, dans la mesure où l'évolution dépendrait de notre aptitude à intégrer des faits nouveaux nécessaires à notre survie. La consolidation mémorielle pendant le sommeil se ferait alors au service de l'évolution humaine. Impossible, bien sûr, de passer la vie elle-même sous un scanner cérébral, mais on peut au moins inciter un sujet à retenir une liste de mots. Une expérience bien connue montre, à même l'écran de contrôle, un courant électrique aller et venir entre l'hippocampe, défini comme le siège de la mémoire à court terme, et l'espace de stockage plus large du cortex. On nous explique alors comme une évidence qu'on assisterait au « passage de souvenirs factuels d'un site de stockage provisoire (l'hippocampe) à une chambre forte à plus long terme (le cortex)[3] ». Puisque de l'espace a été libéré dans l'hippocampe, « les sujets se réveillent avec une aptitude renouvelée à intégrer dans l'hippocampe des informations inédites, l'expérience qui s'y était inscrite hier ayant été déplacée vers un lieu plus sûr et plus durable ». Très bonne nouvelle : le sujet va pouvoir « recommencer à apprendre » !

Outre qu'il est fort peu scientifique de transformer en faits de simples hypothèses, difficile de ne pas voir ici un autre fantasme, selon lequel la vie consiste à faire le ménage à l'intérieur et à vider des réservoirs surchargés ou en désordre. Dans cette vision, le processus cérébral lui-même relève du « nettoyage » et de l'« assainissement neurologique », ou de la possibilité de « trouver facilement des documents importants sur un bureau désencombré et bien organisé ». Et alors qu'il y a peu de preuves que l'hippocampe puisse avoir des problèmes de stockage, ni besoin de se vider, on prétend que le sujet irait « récupérer » des souvenirs dans un site de stockage à court terme avant de dormir, et qu'au réveil ils se seraient « déplacés », les « mêmes données » pouvant désormais être prélevées dans le néocortex, là où les souvenirs sont en sécurité. Le sommeil, dans cette logique, est là pour « assurer la pérennité » des souvenirs en question. Et comme cela a lieu jour après jour, l'hippocampe se trouverait chaque fois nettoyé comme à neuf et prêt à inscrire des faits nouveaux.

Quand les psychologues cognitifs ou les spécialistes de neurosciences s'intéressent au comportement, il est étonnant de voir à quel point leur conception de l'existence humaine revient à en faire soit un test soit un labyrinthe. Absorber des données qui seront testées – avec, donc, un jugement à l'horizon –, ou bien regarder des rats se repérer dans un labyrinthe : voilà pour certains les paradigmes de presque tous les comportements humains intentionnels, qu'on recouvre du vernis scientifique des circuits cérébraux de la récompense. Il leur paraît impensable, en somme, que la vie humaine soit autre chose qu'un test ou un labyrinthe, comme si le but ultime de l'évolution humaine était de gagner à *Questions pour un champion*.

Il serait bon de rappeler, ici, que pendant des siècles tests ou examens n'exigeaient pas qu'on se souvienne, mais qu'on manie l'art du débat, et que la fascination pour les labyrinthes, de son côté, tenait surtout au point mortel censé en occuper le centre. Comme l'écrit l'historienne Jocelyn Small, s'il est un mythe tenace concernant les systèmes d'apprentissage humain, c'est qu'ils passeraient par la mémorisation mot à mot. Elle montre, au contraire, qu'ils impliquaient le plus souvent une mémoire thématique, sans requérir de mémorisation formelle précise, ce qu'avaient déjà admis au début du XXe siècle les recherches sur la mémoire[4]. On ne demandait pas à un poète de réciter mot à mot l'œuvre d'un ancien, mais d'évoquer ses thèmes précis. Ce qui n'empêche pas un tel fantasme – l'idée que la vie, ou la mémoire, serait pour l'essentiel le recueil de données nouvelles – de sous-tendre les recherches actuelles sur le sommeil et la mémoire et de restreindre, par là même, toute autre approche de ces phénomènes.

À tout cela, il suffit d'opposer notre propre expérience à tous, selon laquelle la vie des gens, pour l'essentiel, ne consiste pas à apprendre quoi que ce soit, mais à répéter encore et encore les mêmes erreurs douloureuses. Doit-on leur dire que leur cerveau fonctionne mal, ou qu'ils ne dorment pas correctement et n'arrivent donc pas à consolider les données nouvelles ? Dans ce même ordre d'idées, les femmes, quant à elles, remarquent que certains hommes ont beau passer leur vie à chercher des données nouvelles, ils n'en continuent pas moins à oublier tout ce qui pourrait relever d'une « relation ». Quel dommage qu'un champ aussi intéressant que celui de la recherche sur le sommeil soit soumis aux pauvres fantasmes de quelques chercheurs mâles – mais la soif de « science » de la part du grand public est telle qu'elle empêche peut-être d'autres perspectives d'émerger et d'autres traditions d'avoir ici leur place.

Dès le début des années 1960, des chercheurs mettaient en garde contre la débâcle des approches par la récitation et la conservation mémorielles, un réductionnisme consistant à redéfinir la mémoire à la baisse : un système de stockage et de prélèvement pour de petits paquets de données, afin de stocker des faits nécessaires à notre survie. À l'opposé de toute la littérature, de partout et de toujours : d'Homère à Emily Dickinson, des sœurs Brontë à Marcel Proust, un souvenir n'est pas quelque chose qu'on peut retirer aux objets trouvés, mais qui sature et qui structure chaque couche de l'expérience humaine. Les théories de la mémoire héritées de l'âge classique et de la Renaissance, celles dont Jocelyn Small ou Frances Yates étudient la genèse, en font une sorte d'espace architecturé au sein duquel nous évoluons, là où les théories cognitives récentes en font, au contraire, une chose qui ne serait qu'en nous.

Mais cette distinction elle-même se complique dans la mesure où la mémoire, justement, relie l'espace interne et l'espace externe, ou du moins ce qu'on prend pour tels. À partir du XVIe siècle, les testaments commencent à rapporter explicitement les objets matériels à leurs propriétaires antérieurs, comme si désormais une commode ou un couvre-lit étaient la commode ou le couvre-lit qui ont appartenu à un grand-parent ou un parent. Une précision qui ne semble pas avoir de fonction juridique précise, mais qui témoigne d'un investissement des objets en tant que porteurs d'une histoire ou d'une mémoire personnelles. L'une des choses qui déshumanisent le plus dans l'incarcération ou l'hospitalisation est bien la confiscation des affaires personnelles : il faut priver le détenu ou le malade d'une partie de son identité individuelle, logée précisément dans les objets.

Dans les histoires de science-fiction, il y a souvent des scènes de transfert de mémoire d'un personnage à l'autre, comme si l'on pouvait isoler ce qui fait une vie, ce qu'elle garde en mémoire, et le transplanter tel quel dans un autre corps ou un récepteur non vivant. Dans la série *Westworld*, des vies entières, avec toute leur épaisseur insondable, se trouvent réduites à quelques algorithmes précis stockés dans les livres d'une vaste bibliothèque. Mais là comme ailleurs, il y aura toujours un supplément, un excès inassimilable, un reste qu'on ne peut réduire à quelques phrases déclaratives et qu'on trouvera plutôt enfoui, inscrit dans des objets. La mémoire ne renvoie plus alors à des questions de stockage et de récitation, mais à nos façons d'investir et d'employer les choses, moyennant un processus qui est lui-même constant – et non limité à des moments d'exception, comme pour la madeleine de Proust, où il se produit une résurgence soudaine du passé doux-amer. Bien sûr, les nouvelles technologies nous offrent des surfaces d'inscription largement inédites, et toujours plus nombreuses, à mesure que téléphones et ordinateurs participent à un effort continu pour localiser des expériences difficiles, parfois envahissantes.

Les systèmes mémoriels de l'âge classique et de la Renaissance font souvent remonter leur genèse à la « méthode des lieux » de Simonide de Céos, ce poète grec qui dînait en vaste compagnie quand le plafond du bâtiment s'est effondré. Presque tous les invités en sont morts, et il fut très difficile d'identifier les corps parmi les débris de chair et de maison. Mais Simonide, qui en réchappa, parvint à redonner un nom aux corps écrasés en se souvenant de la place exacte qu'occupait chacun autour de la table avant l'accident. Leur situation dans l'espace servit le travail de la mémoire, « pour ceux qui savent utiliser cette partie de leur esprit », et à partir de là le rapport entre les mots et les lieux devint une pierre angulaire des grands systèmes mnémotechniques ultérieurs : « l'ordre des places préserve l'ordre des choses ». Comme s'il y avait, à l'horizon de nos logiques contemporaines de récitation et de mise en mémoire, une scène traumatique initiale, une scène où ce qui se perd, c'est la vie, et où ce qui fait liste, ce sont les corps écrasés.

En tout cas, vérifier si des sujets arrivent à retrouver leurs mots ne suffit pas, loin s'en faut, à saisir le rapport de la mémoire avec la perte et le trauma. Ce modèle réducteur échoue à rendre compte de ce qu'est la mémoire complexe d'une personne réelle. Le changement culturel de nos représentations de la mémoire exerce une pression subtile, ici, sur notre expérience même, et nous nous sommes mis à attendre d'un souvenir personnel qu'il ressemble à une photo, à un film super 8, à un flash-back cauchemardesque ou juste, aujourd'hui, à un selfie. C'est que, souvent, les gens ne savent pas vraiment s'ils sont en train de se souvenir pour de bon d'un épisode de leur enfance ou si ce qui ressurgit alors en eux est une photo qu'ils ont vue ou une anecdote qu'on leur a racontée.

En analyse, des réminiscences, des rêves et parfois des symptômes inédits peuvent venir infléchir les souvenirs, et permettre à une histoire personnelle de se construire. Dans le travail clinique, on voit très souvent qu'un souvenir peut avoir la forme abstraite d'un item isolé dans une collection d'images, sans enjeu affectif apparent, ou bien d'une intensité insupportable. Mais dans les deux cas, le sujet peut apprendre à habiter sa mémoire d'une façon nouvelle, à s'y situer lui-même comme il ne le faisait pas jusqu'à présent. Le souvenir d'une violence infligée au cours de l'enfance, par exemple, peut faire l'objet pendant longtemps d'une interprétation et d'une émotion inchangées chez le sujet selon lesquelles il est lui-même coupable de ce qu'il a subi, comme s'il était le siège d'un mal intrinsèque. Alors qu'au contraire, habiter sa mémoire, c'est s'ouvrir à la possibilité d'une réinterprétation : ce n'est pas moi le coupable de ce que j'ai subi, mais un autre.

Dans certains cas, de tels repositionnements dans le souvenir vont au-delà d'un simple transfert d'accusation, jusqu'à modifier l'identité des personnages impliqués ou la succession des faits. Une scène qu'on pensait avoir vécue comme participant peut s'avérer avoir été vécue comme témoin, ou une phobie d'enfance avoir émergé après et non avant une séparation familiale. Au cœur de la psychanalyse comme de toutes les thérapies par la parole, on trouve ce genre de réécriture du souvenir, et on découvre, au terme de ce processus long et difficile consistant à apprendre à habiter le souvenir, que celui-ci peut se charger d'une intensité affective qui lui avait toujours fait défaut, ou qu'au contraire il peut voir s'atténuer l'intensité de sa charge émotionnelle.

Ces processus sont troublants non seulement pour celui ou celle en qui ils ont lieu mais aussi pour toute une culture dans laquelle on croyait avoir soigneusement distingué l'agresseur et la victime, le Bien et le Mal. Tous les gens de gauche bien-pensants se sont insurgés contre le projet de Trump de construire un mur entre les États-Unis et le Mexique, qui leur paraissait matérialiser une division raciste du monde entre les gens bien d'un côté du mur et les méchants de l'autre. Une projection infantile qui était pourtant faite à propos de Trump lui-même, devenu la pure incarnation du diable. Tout cela s'est encore aggravé quand Trump a fait ses fameuses sorties fin 2017 à propos des affrontements de Charlottesville entre militants et suprémacistes, suggérant qu'il y avait aussi des gentils chez les méchants et des méchants chez les gentils – des remarques certes odieuses, mais qui venaient affaiblir les polarités strictes nécessaires à Trump comme à ses détracteurs.

En lien avec ces processus de catégorisation stricte du Bien et du Mal, de l'intérieur et de l'extérieur, l'historienne Ruth Leys a montré comment notre culture contemporaine a délaissé peu à peu la complexité de la mémoire et de son rapport avec l'expérience traumatique, jusqu'à ne plus faire de celle-ci, à la fin du XXe siècle, qu'un événement purement objectif venu affecter un sujet parfaitement autonome[5]. Soit un changement majeur, dont témoigne, selon elle, le glissement dans nos sociétés de la culpabilité vers la honte. La participation inconsciente du sujet à son propre traumatisme s'est trouvée alors impensable – et des expressions hier familières, clés de notre histoire moderne, comme *l'identification avec son agresseur* ou *la culpabilité du survivant* ont quitté, peu à peu, notre vocabulaire.

La première de ces expressions date de bien avant la Seconde Guerre mondiale mais l'expérience des camps de concentration nazis lui a donné, bien sûr, une assise nouvelle, comme en attestent les récits de survivants racontant comment les détenus reprenaient entre eux les agressions verbales et physiques commises par les SS, sinon parfois leurs mots et leurs « valeurs ». De même que s'effondra, si souvent, l'espoir d'une solidarité entre ceux que Primo Levi appelait ses « compagnons d'infortune » : « il y avait à leur place mille monades scellées, et entre celles-ci une lutte désespérée, dissimulée et continuelle[6] ». Les témoignages de survivants, qui se vendaient par dizaines de milliers d'exemplaires, sont désormais délaissés par le grand public – on veut peut-être aujourd'hui en savoir toujours moins sur ce qu'a pu faire l'homme, et ce qu'il a pu être, dans les camps.

À la place de quoi on voit émerger une sorte de relecture capitaliste de la Shoah, selon laquelle les gens n'ont pas survécu par l'effet du hasard ou de la chance – comme le soulignèrent presque tous les témoignages –, mais seulement de la résilience et des aptitudes individuelles à la survie, des notions qui ne viennent pas, quant à elles, des récits de survivants mais du monde des managers, où elles résument ce qu'il faut avoir pour réussir dans un marché ultraconcurrentiel. Là où les témoignages racontaient trahisons et brutalités entre détenus, aujourd'hui, on a préféré mettre surtout l'accent sur la solidarité et les petits gestes de bonté ou de générosité.

Loin de résulter d'une étude historique approfondie, une telle évolution signale avant tout un changement du cadre général dans lequel on pense la subjectivité humaine, lequel a désormais pour coordonnées celles du marché néolibéral. Comme le note Ruth Leys, ces nouvelles approches, au lieu de nous aider à approfondir l'étude de notre rapport inconscient aux événements traumatiques, imposent surtout à leur propos une dualité simpliste entre la victime passive et l'agresseur, avec des conséquences importantes : des phénomènes liés au traumatisme tels que les cauchemars ou les flash-backs sont vus comme des répliques effectives de ce qui s'est passé et, par là, « soustraits au champ de l'interprétation ». Dès lors, l'inconscient, le fantasme ou la compulsion de répétition n'ont plus aucune place.

Tout cela est essentiel pour comprendre les recherches actuelles sur le sommeil. Pour peu que quelqu'un reste éveillé une partie de la nuit, incapable d'empêcher le retour panique de certaines images, ou soit arraché soudain au sommeil par une sensation d'effroi, on y verra avant tout le retour exact, quasi photographique, de quelque chose qui lui est arrivé dans le passé. On ne cherchera donc pas à l'interpréter, comme s'il n'y avait là rien d'autre à comprendre qu'un événement traumatique et son retour panique. Et si ces angoisses nocturnes sont vues comme de simples répliques directes de l'expérience vécue, quoi de plus logique que de tout faire pour les bloquer et les supprimer ?

Un hygiéniste du sommeil comme Matthew Walker défend sans équivoque la méthode de l'effacement de mémoire, en nous expliquant qu'il espère « mettre au point des techniques précises permettant d'affaiblir ou d'effacer sélectivement certains souvenirs de la bibliothèque de souvenirs d'un sujet individuel, quand le besoin clinique en est confirmé[7] ». Une hygiène comportementale qui a fait les beaux jours des pires fictions politiques orwelliennes, et qui, de fait, relève d'une logique de ségrégation déjà à l'œuvre dans les pires épisodes de l'histoire humaine. On ne s'étonnera pas que cette idée d'effacer la mémoire des gens soit au cœur des visions de l'avenir les plus sombres qu'aient produites les grandes œuvres de la culture, et on la complétera, bien sûr, par une question délicate : qui, au juste, va venir

« en confirmer le besoin clinique » – le patient, le docteur, l'État… ?

Ce qu'il faudrait ici, plutôt qu'effacer des souvenirs, qui ne sont pas de simples données, c'est retrouver sa place à soi parmi ses souvenirs, c'est-à-dire les réécrire et les resituer dans une histoire subjective d'ensemble. Effacer la mémoire a bien sûr été essayé par les régimes les plus répressifs à travers toute l'histoire politique, depuis la tentative romaine d'effacer la moindre trace de l'empereur Domitien jusqu'à la réécriture de l'histoire russe par les idéologues soviétiques. On pense, ici, aux mots célèbres de *Macbeth* : « Ne peux-tu pas traiter un esprit malade, arracher de la mémoire un chagrin enraciné, effacer les ennuis inscrits dans le cerveau – et grâce à quelque doux antidote d'oubli, débarrasser le sein gonflé des dangereuses matières qui pèsent sur le cœur ? »

Une approche d'autant plus malvenue quand on reconnaît que les souvenirs ne sont pas comme les photos stockées dans notre téléphone, mais sont pris eux-mêmes dans un processus de réécriture permanente, comme nous l'ont montré les psychologues depuis plus d'un siècle[8]. Ils ne sont pas des photocopies de l'expérience vécue, mais se trouvent, au contraire, sans cesse reformés, réélaborés, modifiés et retransférés à mesure qu'évoluent nos préoccupations, et en fonction aussi de ce que nous aurions souhaité ou de ce que nous regrettons qu'il nous soit arrivé.

Il est tout aussi problématique de réduire la mémoire à un souci strictement individuel, compte tenu de tout ce qui en elle renvoie à l'espace social et politique que nous habitons. Notre souvenir d'une perte tragique ou d'une catastrophe aura-t-il la moindre valeur si elles ne sont reconnues par personne dans notre entourage ou dans notre milieu social ? Ce qu'est la mémoire dépend aussi de ce qu'elle est pour l'autre. Comme le soulignent les anthropologues Leslie Dwyer et Degung Santikarma, on ne saurait réduire la mémoire à des histoires simplistes de souvenir et d'oubli, comme on prendrait position à propos d'un événement extérieur. En plein entretien avec un Balinais dont le frère avait été assassiné lors des purges anticommunistes des années 1960, les deux chercheurs s'excusèrent soudain auprès de lui d'avoir posé des questions qui auraient pu réveiller cette blessure. « Ce n'est pas à cause de vous que je m'en souviens, leur répondit-il. Je garderai ces souvenirs jusqu'à ce que je meure à mon tour, ce sont ces souvenirs qui me rappellent que je suis encore vivant[9]. »

Plutôt que d'essayer de supprimer des souvenirs, la question serait de leur donner une voix, de permettre à ces « blessures écrites » d'être enfin clarifiées. Cette approche de la mémoire comme d'un stock est peut-être plus dangereuse encore par un autre aspect. La phase NREM du sommeil, expliquent certains de nos experts, a pour tâche d'« éradiquer les connexions neuronales qui ne sont pas nécessaires », alors que la phase REM travaille à les « renforcer ». À partir d'une masse de souvenirs autobiographiques, le sommeil en phase NREM supprime tout ce qui est superflu, puis la phase REM permet de renforcer les connexions qui ont été conservées. Un processus répété de nombreuses fois tout au long du cycle de sommeil, qui alterne ainsi entre « abattage[10] » et « renforcement ». Ne restent plus que les éléments importants, qu'il faut renforcer et solidifier. Il est quand même curieux que cette approche emploie le vocabulaire de la sélection, qu'elle applique au fonctionnement de la mémoire les termes d'un darwinisme social naïf, selon lesquels on supprime les faibles et les superflus, et seuls survivent les forts et les importants. N'y a-t-il pas aussi, là-dessous, l'un des principes fondateurs de l'eugénisme, qui divise la vie humaine en éléments faibles et forts, superflus et nécessaires ?

Ces polarités jouent, de fait, un rôle clé dans la science et l'hygiène modernes du sommeil. Les notions d'abattage et de renforcement ayant été – et étant toujours – au cœur des épisodes les plus déplorables de l'histoire humaine, il est quand même inquiétant de les trouver chez nos hygiénistes du sommeil, qui soumettent l'espèce humaine à une ségrégation entre « normaux » et « anormaux », jusqu'à prétendre sans aucune ironie que les adolescents n'auraient pas un cerveau « rationnel », mais que les adultes, eux, en seraient dotés. Dans cette approche, les personnes en manque de sommeil représentent un danger pour la société, et le sommeil permet un « nettoyage en profondeur » du cerveau. Il y a tous ces gens normaux qui grâce à un sommeil régénérant peuvent poser un regard rationnel sur le monde qui les entoure, et il y a les gens anormaux qui n'y parviennent pas. Leur « appréhension sociale et émotionnelle du monde » va s'en trouver « inexacte », et mettre en danger la société en suscitant chez eux « des décisions et des actions inappropriées qui pourraient avoir des conséquences graves[11] ». Quoi de plus raisonnable, dès lors, que de se débarrasser des anormaux – autrement dit, bien sûr : de les guérir.

7

Sommeil et traumatisme

Retrouver un souvenir traumatique, pense-t-on souvent, c'est un peu comme retrouver la pièce manquante d'un puzzle ; les descriptions de cas cliniques aussi bien que les représentations dans la culture populaire reprennent cette image. Tant et tant de films policiers et de séries à succès tournent autour d'un traumatisme enfoui qui, une fois mis en lumière, va venir tout expliquer. Il est incontestable que certains éléments du passé peuvent, une fois remis en mémoire, bouleverser la vision qu'on a d'une vie, mais pour autant, rien n'est moins évident que le lien entre un souvenir traumatique et l'histoire qu'on raconte et même, au-delà, que le lien entre le traumatisme et la mémoire.

Très souvent, tout ce qu'il subsiste d'un traumatisme est un détail de son contexte : la texture d'un meuble, le motif d'un papier peint, la vue d'une fenêtre. Impossible de dire ce qui s'est produit là : le seul signe qu'il s'est passé quelque chose est un détail contingent de la scène oubliée, qui peut revenir pendant des décennies dans des rêves ou des cauchemars. Aristote conseillait le souvenir par juxtaposition, pour qu'en se souvenant de ce qui était côte à côte, on puisse toujours se souvenir de ce qu'il y avait entre les deux ; mais dans les cas qui nous intéressent, seul revient en mémoire ce qui était à côté. Un peu comme quand on essaie de retrouver un passage marquant dans un livre. Tout ce qu'on sait, c'est que c'était en haut à gauche de la page de droite, mais aucun moyen de se souvenir à quelle page ni dans quel chapitre.

Encore une fois, une bonne part de la recherche contemporaine sur le sommeil mécomprend ce qui est en jeu, qui avait pourtant été bien vu par les chercheurs des années 1950 et 1960. On postule que les souvenirs d'enfance sont des souvenirs d'événements émotionnels précis, tels que se trouver soudain « séparé de sa mère ou renversé par une voiture ». Les chercheurs voudraient prouver, ici, que la phase REM du sommeil permet de dissocier le souvenir et l'émotion, afin de garder l'« information » sans être « paralysé » par l'émotion liée à l'événement. On place les sujets dans un IRM et on les expose à des images qu'on juge « émotionnelles », tout en mesurant l'oxygénation de leur cerveau.

Ce genre d'expériences, qui ne sont pas rares, passent à côté aussi bien de la singularité de chaque histoire individuelle – qui fait que ce qui est traumatique pour un sujet ne l'est pas nécessairement pour un autre – que de la logique de juxtaposition évoquée plus haut, selon laquelle des détails triviaux et contingents sont là pour recouvrir mais aussi prendre la place de souvenirs plus intenses. De fait, quand j'écoute mes patients me raconter des souvenirs d'enfance, les plus anciens sont souvent dénués de toute charge émotionnelle, des échanges ou des anecdotes apparemment ordinaires qui, des mois ou des années plus tard, vont s'avérer connectés à des éléments beaucoup plus signifiants.

Dans une expérience réalisée en 1965, les psychologues Herman Witkin et Helen Lewis, pour étudier les effets sur le rêve de stimuli antérieurs à l'endormissement, ont montré à des sujets mâles plusieurs films brefs : une image de naissance particulièrement saisissante, dans laquelle on voit les gants chirurgicaux dégoulinant de sang du gynécologue tirer par une chaîne la ventouse obstétricale introduite dans le vagin, avant qu'ils effectuent une épisiotomie ; un documentaire terrifiant sur la circoncision traditionnelle, dans lequel on voit une pierre tranchante inciser la hampe du pénis puis le membre sanguinolent maintenu au-dessus d'un feu ; un film qui montre une mère singe dévorant son bébé mort en le traînant par les jambes ; et un agréable récit de voyage présentant les aspects économiques et sociaux du Far West américain [1].

Après avoir vu la scène d'accouchement, le premier cobaye de Witkin et Lewis a rêvé d'étudiants qui se promenaient dans un parc, dont un groupe de filles habillées de blanc et portant de longs gants blancs. Des abeilles volaient de fleur en fleur pour les polliniser, et les filles ne voulaient pas montrer leurs bras aux garçons. Après avoir visionné le film sur la mère singe, l'un des sujets a fait un rêve où il voyait nettement une grenouille dans un étang, comme si « elle était vraiment devant moi ». L'image pour lui faisait écho avec le souvenir qu'il avait d'avoir traité cruellement des grenouilles lorsqu'il était enfant, et de les avoir lancées dans un incinérateur derrière un mur de briques pour les tuer. Après le même film, un autre sujet a rêvé que sa mère lui annonçait que des amis viendraient dîner, notant avec un peu d'embarras que sa mère et lui avaient le même âge.

Un renversement a donc eu lieu aussi bien du thème cannibale que de la différence d'âge, de même que les purs et longs gants blancs dissimulaient les gants sanguinolents.

Dans les rêves rapportés à la suite des trois films très crus, Witkin et Lewis trouvèrent beaucoup de références symboliques à l'empreinte, à la fécondation et à l'accouchement, et en conclurent qu'après avoir été exposé à des éléments aussi perturbants il était plus difficile de se remémorer ses rêves. Les processus de symbolisation étaient ici tellement denses que les rêves, ensuite, semblaient plus nébuleux, plus inaccessibles à la signification qu'après le film de voyage, comme si un cryptage supplémentaire avait été nécessaire. Ils ont aussi expliqué, comme l'ont fait d'autres chercheurs, que l'incapacité de rapporter ses rêves ne signale pas une incapacité de rêver mais une incapacité de se souvenir, montrant que plusieurs des sujets testés étaient ici incapables de reconnaître des rêves qu'ils avaient pourtant racontés peu de temps auparavant.

Ce type d'expériences en dit souvent plus sur ceux qui les réalisent que sur la question qu'ils prétendaient aborder. Là où Witkin et Lewis avaient bien compris, avec leur expérience, qu'il est impossible de savoir à l'avance comment une image ou un mot vont affecter quelqu'un, on dirait qu'aujourd'hui l'opinion inverse l'a emporté. On expose les sujets, selon le cas, à des images qu'on estime intrinsèquement inquiétantes ou rassurantes, postulant par là même que les gens sont tous semblables. Alors qu'une scène violente peut très bien terroriser un individu et laisser un autre indifférent, voire exciter un troisième. Ce qui compte ici n'est autre que l'histoire personnelle de chacun, et les réactions qu'on a pu avoir dans les différentes situations auxquelles on a été confronté.

Après la chute du dictateur indonésien Suharto en 1998, des associations balinaises de défense des victimes ont tenté de mettre sur pied des thérapies de groupe pour celles et ceux qui avaient survécu aux purges anticommunistes du milieu des années 1960, au cours desquelles 5 à 8 % des habitants des îles ont été massacrés et des dizaines de milliers d'autres blessés ou emprisonnés. Ils n'ont trouvé, pour ce faire, que les services d'un cabinet de conseil américain, qui proposait à la population locale des techniques de relaxation et de réduction du stress. Mais ces gens à qui on demandait de retrouver la paix intérieure en visionnant des images de plages de sable blanc trouvaient souvent ces images perturbantes : la plupart d'entre eux étaient de simples pêcheurs, pour qui la mer avait un sens radicalement différent de ce qu'elle était pour un citadin nord-américain[2].

La réaction au traumatisme – et jusqu'à sa définition – varie d'une personne à l'autre, de même qu'elle a tant varié à travers l'histoire. Les palpitations cardiaques étaient considérées comme le symptôme par excellence du traumatisme de guerre pendant la guerre de Sécession, alors que pendant la guerre de 1914 c'était le « syndrome de l'obus » (*shell shock*), puis lors de la Seconde Guerre mondiale l'épuisement au combat, avant que la guerre du Vietnam n'inaugure l'état de stress post-traumatique, lequel passe par certaines façons de revivre le trauma, une vigilance requise contre tout ce qui va le réveiller, une moindre réactivité dans des situations données et une hyperexcitation dans d'autres – et dans tous les cas, par de graves troubles du sommeil et une hypervigilance. Autant de diagnostics qui peuvent s'avérer précieux chez certains sujets mais inutiles pour d'autres, dont les symptômes ne correspondent pas au tableau clinique du traumatisme en question. Une étude a même montré que plus des trois quarts des vétérans de guerre ne présentent pas les symptômes du stress post-traumatique – mais ils n'en continuent pas moins à souffrir[3].

De même que notre conception du sommeil informe notre définition des problèmes de sommeil, notre vision du traumatisme en général vient dessiner des catégories précises comme ce stress de guerre post-traumatique. Les médecins ont longtemps mis l'accent, ici, sur les symptômes physiques, mais aujourd'hui on insiste plutôt sur la mémoire et ses perturbations les plus manifestes. Pour comprendre les phénomènes qu'on associe au stress de guerre post-traumatique, on a d'ailleurs souvent recours à cette idée que la phase REM du sommeil permettrait de transférer expériences et souvenirs d'un stockage à court terme vers la mémoire à long terme : le stress post-traumatique, explique-t-on, est précisément ce qui a lieu lorsque le traumatisme est resté coincé dans la mémoire à court terme, et que des facteurs contextuels peuvent dès lors venir le réveiller en un instant. Celui qui entend sonner à la porte d'entrée, ou se trouve soumis sans préavis à n'importe quel autre bruit soudain, est renvoyé instantanément sur le champ de bataille.

Il faudrait donc faire passer les souvenirs traumatiques dans l'autre système de stockage, celui du long terme, et c'est exactement ce que va permettre le sommeil, nous dit-on. Mais ce qui complique l'affaire, c'est que tout ce qui est censé être coincé dans la mémoire à court terme – et revenir sous la forme de flash-backs et de cauchemars – n'est pas toujours effectivement arrivé. La sensation précise d'être bloqué sous les décombres d'une explosion, par exemple, peut très bien prendre la forme de flash-backs fréquents sans que le soldat ait jamais été effectivement bloqué sous des décombres. Ce qui est décrit comme atrocement réel n'a pas toujours été vécu. Et bizarrement, quand certains vétérans du Vietnam racontent qu'ils ont été enlevés par des extraterrestres, ils présentent plus de signes physiologiques du traumatisme vécu – rythme cardiaque accru, transpiration, essoufflement – que lorsqu'ils relatent leur expérience des combats[4].

C'est que le traumatisme est une question compliquée. Bien souvent, on découvre que les souvenirs les plus envahissants pour le sujet sont ceux dont il a entendu parler par un ami, une simple connaissance ou même une émission télévisée. Alors qu'il a vécu une expérience insupportable et littéralement impensable, c'est le souvenir de ce qu'a vécu quelqu'un d'autre qui vient prendre sa place. Ce souvenir d'emprunt est l'indice d'autre chose de beaucoup plus terrible, et peut très bien, pourtant, le réveiller de terreur en pleine nuit pendant des années. Une patiente m'a raconté en détail une scène d'attouchement par son beau-père alors qu'elle était encore une petite fille. La scène était précise, le contexte et les lieux ne laissaient aucun doute. Mais après un certain temps en analyse, elle a compris que cette scène lui venait telle quelle d'une amie proche, qui lui avait elle-même raconté avoir été abusée par son beau-père après le divorce de ses parents. Cette scène déjà là, clé en main si l'on peut dire, avait pris la place d'un traumatisme que ma patiente avait vécu mais qui, lui, ne parvenait pas du tout à s'exprimer, autrement que sporadiquement, par quelques bribes de sensations.

Un exemple célèbre de cette mémoire d'emprunt est le souvenir de guerre raconté par Ronald Reagan pendant la campagne électorale de 1980. Il contait l'histoire de cet avion bombardier évacué après avoir été touché par le feu ennemi, et du jeune artilleur resté à l'arrière de l'appareil car trop gravement blessé pour sauver sa peau avec le reste de l'équipage. Reagan a fondu en larmes au moment de citer les mots du pilote : « Pas grave, on va le redescendre ensemble, cet avion. » L'épisode comme la citation se sont avérés sortir tout droit d'un film de guerre de 1944, *Le Porte-Avions X*, mais ils étaient bien devenus le souvenir personnel du vétéran de guerre Reagan[5].

À la place de quelque chose d'impensable et d'insupportable peut donc venir se loger un souvenir d'emprunt – mais aussi certaines images, surtout celles dont la beauté nous fascine. Joseph Robertson, qui a combattu dans les Ardennes en 1945 avec le 30ᵉ bataillon d'infanterie américain, raconte comment il s'était caché derrière un tronc d'arbre abattu et pouvait voir les soldats allemands avancer juste devant lui[6]. L'un d'eux, un adolescent, qui rampait vers lui le long d'un fossé, n'était plus qu'à un mètre quand Robertson a crié qu'il se rendait. Le garçon a levé son arme, mais Robertson a tiré le premier. Ce soir-là, il a pu dormir, mais tout le reste de sa longue vie, ses nuits ont été hantées par l'image du jeune soldat aux yeux bleus et à la peau claire qu'il avait tué, « si beau, comme un petit ange ». Plus de cinquante ans après les faits il continuait à se réveiller en pleine nuit en pleurant ce qu'il nommait « le moment le plus triste de ma vie », incarné dans cette image d'une beauté absolue et dévastatrice.

C'est l'image ici qui – comme peut le faire le souvenir d'emprunt – désigne le lieu d'une horreur inimaginable. Tenter d'accéder directement à ce lieu peut se révéler parfois dangereux et inutile pour le sujet, et il est souvent plus sage de désigner la place vide du traumatisme que d'essayer d'en faire de force un récit ou un souvenir tout prêts. Car circonscrire un traumatisme et tenter de s'en souvenir sont deux choses différentes, comme le savent les grandes œuvres littéraires et artistiques, pour lesquelles ce travail d'inscription, de circonscription, de désignation d'un lieu diffère du processus de représentation directe.

Ces logiques du traumatisme et de la mémoire sont porteuses d'enjeux majeurs. Dans nos pays, les demandeurs d'asile, par exemple, doivent produire un récit cohérent de leur expérience pour avoir droit au statut de réfugié, une exigence qui contredit la logique du traumatisme telle qu'on vient de l'évoquer. Et dans ces mêmes pays, les forces de police mettent en doute les récits des victimes supposées de viol ou d'agression quand ces récits sont absolument cohérents. Le traumatisme renvoie à une faille dans la subjectivité, à une rupture des limites physiques et psychiques, dont on ne saurait attendre un joli récit bien clair mais, au contraire, une histoire pleine de contradictions, d'erreurs et d'incohérences[7]. Et à la place exacte de la douleur la moins représentable, on pourra toujours, s'il le faut, emprunter les souvenirs et les expériences des autres.

Le traumatisme nous parle aussi du sommeil. Les analystes savent bien que dès qu'un événement traumatique commence à s'inscrire dans les rêves, c'est qu'un progrès est en cours, qu'une évolution psychique est en train d'avoir lieu. Un patient savait que ses parents s'étaient séparés quand il avait 3 ans, et qu'il avait alors attendu une année avant de revoir son père. Un beau jour, sa mère les avait jetés dans la voiture, ses frères et sœurs et lui, et elle avait déguerpi, sans préavis ni aucune préparation. Il n'avait gardé aucun souvenir de cette explosion de sa famille, et l'a reconstruite à partir de ce que lui a dit un frère aîné des années plus tard. Il se souvenait du cadeau que son père lui avait fait quand il l'avait retrouvé un an après, mais de rien d'autre. À un moment de son analyse, il a commencé un cycle de rêves dans lesquels il arrivait chaque fois dans une maison vide, qu'il a pu reconnaître en séance comme étant celle de sa première enfance. L'impression de vide et de désolation qu'il ressentait lui était insupportable, le gagnant en pleine journée, à coups de bouffées dépressives paralysantes, mais cette fois il pouvait la relier à son histoire : elle ne surgissait plus de nulle part.

Il faut noter, ici, que l'expérience en analyse ne recoupe pas toujours la recherche universitaire, laquelle prétend, à propos des vétérans du Vietnam ou des survivants de la Shoah, que moins on se souvient de ses rêves, plus on se réadapte à la vie en société. La question, évidemment, est de savoir ce qu'on entend par cette réadaptation à la société, mesurée d'ordinaire en données strictement fonctionnelles (a-t-on un emploi, est-on marié, etc.) ou selon le degré auquel le sujet se plaint, ou pas, de sa situation. Quand on lit que les survivants de la Shoah sans souvenir de leurs rêves ont une « meilleure adaptation à long terme[8] » que ceux qui s'en souviennent, on se demande aussi si leurs enfants se sont bien « adaptés ». Car ce qui se trouve refoulé ou non inscrit par une génération donnée a tendance à revenir avec une intensité inédite dans la suivante, ou bien – comme les médecins l'ont observé après la guerre – à prendre la forme de symptômes physiologiques chroniques.

Dès lors, quel est le rôle du rêve ? La réponse des psychanalystes n'est pas loin de celle des spécialistes du sommeil de la première période, qui concevaient le rêve comme une opération sur les souvenirs. Mais c'est une opération bien particulière, qui prend les restes de la journée et les relie aux fantasmes et aux fils de pensée venus de l'inconscient. Comme l'expliquait un disciple de Freud, le sommeil s'apparente à une « psychothérapie individuelle[9] », dans laquelle l'inconscient est le lecteur, interprétant des matériaux nouveaux et les incorporant dans des structures préexistantes. C'est d'ailleurs la raison pour laquelle nous avons tant de mal à apprendre de nos expériences, retombant dans les mêmes pièges au fil de notre vie, répétant les mêmes modalités et les mêmes erreurs, que ce soit une source de misère ou de satisfaction.

La crise des réfugiés, en 2015, en offre une bonne illustration. Les gens ne semblaient pas tellement s'émouvoir des milliers de morts en mer, à mesure que coulaient en Méditerranée les fragiles embarcations pleines à craquer de réfugiés syriens et africains, jusqu'à ce que l'image d'un sauveteur sur une plage turque tenant dans ses bras un enfant mort fasse partout la une de la presse. Les gens que dérangeait cette catastrophe lointaine et étrangère se sont mis soudain à se soucier des réfugiés, maintenant qu'elle avait, sur cette photo, la forme chrétienne d'une pietà, et ainsi, pour eux, d'une catastrophe pleinement humaine. Tout se passait comme si la mythologie chrétienne avait fourni au traumatisme un cadre reconnaissable, donc un statut nouveau. Ce qui était jusqu'alors refoulé, sinon même méprisé ou dédaigné, devint tout à coup familier, et put donc susciter les habituelles réactions indignées.

On peut aussi revenir au rêve des gants blancs dont on a parlé plus haut. Le rêveur avait visionné un film qui l'avait probablement dérangé, avec des gros plans sanguinolents et les images crues de l'appareil génital féminin. Mais son rêve, en substituant aux gants dégoulinant de sang du gynécologue les beaux gants blancs des étudiantes dans le parc, n'effectuait pas seulement un travail de déni ou de stérilisation. Après coup, le rêveur s'est souvenu qu'il avait proposé autrefois à sa femme de lui offrir des gants rouges pour aller avec une robe qu'elle porterait lors d'un mariage d'amis, proposition qu'elle avait alors refusée. Puis elle a perdu les gants noirs qu'il lui a achetés à la place, et tous les deux, par la suite, ont trouvé que les amis qui s'étaient mariés s'en sortaient mieux qu'eux-mêmes dans la vie. On voit ici que les thèmes de la perte, de la réparation et de l'échec sont venus étayer le traitement en rêve du matériau supposé « neuf » issu du film.

C'est peut-être précisément ce que fait l'inconscient pendant notre sommeil : inscrire le neuf qui nous dérange dans des structures anciennes, formées pendant notre enfance. Et quand il n'y parvient pas, on peut très bien voir apparaître certains des phénomènes liés au stress post-traumatique des vétérans de guerre, même s'il faut se rappeler que les gens passés par un traumatisme majeur n'en présentent pas toujours les signes prévus dans le diagnostic scientifique officiel. En reliant les expériences de la journée aux dispositifs de l'inconscient, le rêve accomplit un travail de lecture et d'interprétation. Et ce qui alors ne peut pas être lu risque de s'avérer traumatisant, et de surgir parfois avec une effrayante clarté dans les phases NREM du sommeil, sous la forme de terreurs nocturnes et d'autres phénomènes subjectifs violents.

Voilà qui explique aussi pourquoi, alors même que presque personne ne commence son sommeil par une phase REM – sauf les nourrissons, les personnes narcoleptiques et celles qui consomment certaines drogues –, on a vu beaucoup de vétérans de guerre traumatisés présenter eux-mêmes cette curieuse torsion du cycle de sommeil. Le mouvement oculaire rapide peut survenir, effectivement, juste après le début du sommeil, voire au moment de l'endormissement, ce qui suggérerait, pour certains chercheurs, qu'il y aurait une sorte de *pression* à rêver : un effort, autrement dit, pour essayer de traiter pendant la nuit ce qui dévaste par ailleurs la personne. Et de quoi expliquer, en outre, pourquoi les terreurs nocturnes se dissipent en général au cours de l'enfance : à mesure que les fantasmes inconscients se construisent, ils commencent à pouvoir absorber des expériences et des données qui auparavant seraient restées mystérieuses et ininterprétables, à la manière de filtres qui impriment leur forme à tout ce qui surgit de neuf.

8

Rêver

Il faut bien aborder la question du lien entre le rêve et la phase REM du sommeil. Quand on évoque l'émergence si rapide du sommeil REM chez le vétéran de guerre traumatisé, par exemple, ne va-t-on pas trop vite en y voyant tout de suite une phase de rêve en tant que telle ? L'association entre les rêves et le mouvement rapide des yeux est vieille de plusieurs siècles, et on n'a pas attendu les travaux d'Eugene Aserinsky et Nathaniel Kleitman pour avancer que ces mouvements oculaires pourraient correspondre au balayage des images rêvées. De même que nous bougeons nos yeux à l'état d'éveil pour regarder le monde autour de nous, de même serions-nous censés bouger nos yeux pendant nos rêves pour en suivre le récit. Quand il était encore étudiant en master, William Dement a rejoint l'équipe de Kleitman pour faire des expériences dans ce sens et sur d'autres aspects du rêve, avec des premiers résultats plutôt enthousiasmants.

En scrutant aussi attentivement les mouvements des yeux, on s'est mis à voir dans leur direction et leur rythme les signes d'un processus de balayage[1]. Pour peu que les yeux se déplacent latéralement pendant la phase REM et qu'ensuite le sujet dise avoir rêvé d'un match de ping-pong, on avait la preuve d'un lien direct entre le mouvement oculaire et l'imagerie onirique. On a aussi invoqué la mobilité corporelle, et Dement racontait avoir vu les jambes de sa femme bouger énergiquement pendant une phase REM et, au réveil, l'avoir entendue raconter un rêve où elle dansait sur une scène[2]. Dans un autre exemple amplement cité, les yeux du sujet étudié bougeaient de haut en bas par séquences régulières et il s'est avéré qu'en rêve il montait des marches sur plusieurs étages.

Pourtant, au bout de quelques années, la plupart des chercheurs ont laissé de côté cette idée d'une corrélation entre mouvements des yeux et visualisation des rêves. Les exemples qui la valident n'étaient pas bien nombreux, malgré les heureux hasards du ping-pong et de l'escalier, et la présence attestée de longues phases de sommeil REM chez les nouveau-nés, les prématurés et les aveugles de naissance semblait réfuter l'hypothèse d'un balayage visuel. Dans certains cas, il est presque impossible de rapporter le roulement répété et brusque des globes oculaires avec une expérience visuelle telle qu'on peut en avoir à l'état d'éveil.

De même, des chiots élevés dans l'obscurité et des chiots exposés à une alternance de phases avec et sans lumière présentent une activité REM similaire – ce qui évoquerait donc un phénomène endogène. Le plus probable, pour certains chercheurs, est que ces mouvements saccadés des yeux soient l'effet de décharges neuronales aléatoires ou le résultat d'autres processus neuronaux, une sorte d'entraînement neurologique qui prépare le nourrisson aux phases futures d'apprentissage. De fait, on interprète en général l'intense activité oculaire des nouveau-nés pendant leur sommeil comme un processus d'activation du système nerveux naissant, qui favorise la croissance et la plasticité du cerveau en attendant qu'il fasse des expériences sensorielles plus variées[3].

Cette idée du balayage oculaire pose un autre problème de taille, un problème évident mais passé inaperçu depuis le début. Dans les exemples du ping-pong ou de l'escalier, on fait une corrélation entre les mouvements des yeux pendant la phase REM et leurs mouvements latéraux ou ascendants à l'état d'éveil. Si les deux ne correspondent pas, c'est que le mouvement oculaire n'a rien à voir avec le rêve. Sauf que l'erreur, ici, c'est qu'à bien observer les yeux d'une personne suivant un match de ping-pong ou montant un escalier, on se rend vite compte qu'ils ne bougent pas latéralement ni de haut en bas. Ils ne le font que dans les dessins animés, dans la vie éveillée nous bougeons nos yeux dans tous les sens pendant ce genre d'activités.

Surexcité pendant un temps par son hypothèse du balayage oculaire, William Dement l'a donc abandonnée quelques années plus tard, cette remise en question elle-même ayant produit quelques résultats intéressants. Les chercheurs en neurosciences Susan Weiner et Howard Ehrlichman ont remarqué, de leur côté, que les yeux ont un mouvement beaucoup plus rapide chez quelqu'un qui tente de comprendre le sens d'un proverbe que chez quelqu'un qui balaie du regard une image[4]. Une autre équipe a découvert que le mouvement oculaire, s'il n'est pas corrélé avec les images du rêve, accélère quand même sensiblement son rythme non pas quand le sujet balaie une image mais, au contraire, quand il essaie de la supprimer. On peut dès lors associer le mouvement oculaire rapide à un effort pour donner sens à quelque chose, ou pour ne pas voir quelque chose, beaucoup plus qu'à un simple phénomène de poursuite visuelle. Ne dit-on pas d'ailleurs, dans la vie quotidienne, que si l'angoisse soudain vous submerge, il peut être utile de fixer son regard sur un objet extérieur pour arriver à la surmonter ?

Un patient raconte le vif malaise qui l'a gagné, jusqu'à la panique, un soir qu'il sortait avec des amis dans un quartier branché. Il les a alors quittés, sans savoir que faire ni où aller, jusqu'à ce qu'il passe devant un cinéma et que le titre du film à l'affiche – *Me laisse pas tomber* – lui semble faire sens dans la circonstance. Il a acheté un ticket et, dans la salle, entrepris de fixer l'un après l'autre chaque recoin de l'écran, « comme si je passais en revue un tableau à la National Gallery ». Seule a pu alléger son angoisse cette façon minutieuse et ininterrompue de balayer un écran du regard. Ses mouvements oculaires étaient alors un signe moins de ce qu'il regardait que de ce qu'il cherchait à éviter. On peut se demander au passage si cette logique ne sous-tendrait pas aussi la manie du visionnage télévisuel compulsif : on fixe nos yeux sur un écran pour maintenir l'angoisse à distance.

Reste que, si l'hypothèse du balayage visuel ne fonctionne plus, le lien se fait plus lâche entre le sommeil REM et le rêve. Mais il subsiste quand même, ici, le souvenir des rêves[5]. Les premières expériences de Dement et Kleitman montraient que 79 % des sujets réveillés en phase REM se souvenaient de leur rêve, contre un maigre 7 % pour les réveils en phase NREM, des taux établis par une autre étude de l'époque à 85 % et 0 % respectivement. Le résultat paraissait sans appel, et la séparation entre phases REM et NREM solidement validée. Sauf que les choses n'étaient pas si claires. Les réveils en phase NREM avaient été suivis quand même de quelques récits de rêves, dans lesquels beaucoup de chercheurs préférèrent voir l'« activité mentale du sommeil » plutôt que du rêve proprement dit, sous prétexte que les récits en question étaient plus clairs, plus brefs, plus conceptuels, moins visuels, plus quotidiens, moins narratifs, plus plausibles.

Cette conclusion fut, à son tour, remise en question, d'autres laboratoires du sommeil publiant des récits de rêve en phase NREM qui ne correspondaient pas à tous ces critères. Quant à la fréquence à laquelle le sujet se souvenait de ses rêves en phase NREM, elle a bien augmenté mais surtout après que fut diffusé le faux rapport d'un grand spécialiste prétendant qu'on avait mis au point un médicament favorisant la mémorisation des rêves en phase NREM… Laquelle mémorisation se révéla aussi être fonction du sexe du sujet, et même des incitations financières auxquelles on le soumettait[6]. À la lecture de leurs articles, il est difficile de ne pas sentir chez les chercheurs un effort désespéré pour établir une stricte séparation REM/NREM et, chez certains, quelques points communs – ce qui reflète peut-être les penchants personnels des uns et des autres.

Une nouvelle hypothèse a vu le jour plus récemment, qui voit derrière la phase NREM une activité « REM cachée[7] », sous le radar en quelque sorte, et sur fond de « physiologie atypique » – ce qui évoquerait surtout une activité cérébrale mal ajustée à la division bien nette entre phases du sommeil. On en veut pour preuve l'existence de phases transitionnelles au cours desquelles les critères habituels de mesure du sommeil (eux-mêmes fondés sur la séparation entre phases distinctes) ne marchent plus. Bref, au lieu de remettre en question ces critères de mesure et la séparation stricte entre phases, on a préféré cette hypothèse de la phase REM « cachée » ou « masquée » pour pouvoir maintenir la dualité REM/NREM, et l'association qu'elle sous-tend du rêve à la seule phase REM. On a été jusqu'à expliquer, dans la même veine, que, s'il y avait des souvenirs de rêve en phase NREM, ce pouvait être des résidus de souvenirs de rêves venus des phases REM précédentes – mais jamais en sens inverse !

Il y a encore des variables. Une autre étude, par exemple, prétend qu'un réveil doux susciterait un récit plus « mental » et un réveil abrupt, un récit plus « onirique ». Ce qui est en jeu n'est pas la mise au jour d'une différence entre ce qui relèverait du rêve et ce qui n'en relèverait pas, mais la nécessité de redéfinir entièrement ce que nous entendons par rêve[8]. J'ai organisé il y a quelques années un colloque sur le rêve auquel j'ai invité des psychanalystes aussi bien que des artistes. En ouverture de la table ronde finale, les propos d'un chercheur en neurosciences ont parfaitement illustré ce besoin d'une redéfinition. Il nous a montré quelques tableaux célèbres de Salvador Dalí comme typiques du rêve, et a exclu qu'en relèvent aussi les autres images analysées pendant la journée, qui avaient pourtant été inspirées par des rêves nocturnes. Dans cette épuration du concept de rêve, ne pouvait en faire partie que ce qui était étrange, bizarre, illogique, plein de couleurs vives et d'actions impossibles dans la vraie vie. Il y a des rêves qui ressemblent à ça, évidemment, et beaucoup d'autres pas du tout : associer exclusivement le rêve à ces fantaisies surréalistes ne sert pas à grand-chose.

Même l'idée qu'un rêve doit être visuel est discutable. En lisant *Jane Eyre* de Charlotte Brontë il y a bien longtemps, j'avais été frappé par un passage, dans lequel le personnage éponyme peine à trouver le sommeil, allongé sur son lit tard le soir, en proie à de grandes inquiétudes : « Au moment où un rêve allait approcher mon oreille, il s'enfuit, épouvanté par un incident assez effrayant en effet », écrit l'autrice. Alors qu'ailleurs dans le livre c'est la dimension visuelle des rêves de Jane qui est mise en avant, ici c'est manifestement leur nature sonore. Et de fait, les premiers spécialistes du sommeil ont beaucoup étudié l'activité musculaire de l'oreille moyenne, surtout pendant les phases REM, tant elle semblait fonctionner exactement comme chez quelqu'un qui écoute à l'état d'éveil. Une activité auditive qui se révéla présente pendant 85 % du temps de la phase REM, et aussi juste avant elle[9]. On a même, pendant un temps, fait de la contraction de ces muscles de l'oreille un indice plus fiable que les mouvements oculaires pour établir qu'on était bien en phase REM.

Alors que Kleitman et Dement ont d'abord fait du mouvement oculaire rapide le critère même du rêve, ils se sont ensuite ravisés, se cantonnant aux tracés visibles sur l'électroencéphalogramme. Face aux généralisations qu'on a pu émettre concernant les différences de rêve et de souvenir de rêve entre les phases REM et NREM, il y a toujours beaucoup de contre-exemples, et l'erreur de presque toutes les études est de sous-estimer les variations possibles entre les individus qui rêvent. Même les règles de base sur le séquençage du sommeil en phases REM et NREM sont difficiles à valider empiriquement à chaque coup, Kleitman lui-même peinant à vérifier dans son propre sommeil la présence d'une phase REM à l'endroit exact où tout son travail sur les phases en prédisait la survenue avec certitude. Peut-être qu'au lieu de voir le rêve en phase NREM comme le cousin éloigné du rêve REM, on devrait faire l'hypothèse qu'un processus s'y enclenche qui va ensuite s'étendre à la phase REM. Et de fait, comme l'ont confirmé plusieurs études, les récits de rêve chez des sujets réveillés en phase REM et en phase NREM pendant la même nuit présentent des motifs similaires, mais traités par le sujet sous des angles différents ou selon des modalités distinctes[10].

Au cours d'une autre expérience, on a hypnotisé les sujets auxquels on a demandé de raconter leurs rêves pendant qu'ils avaient lieu[11]. La plupart y sont parvenus, et les récits faits sous hypnose en plein sommeil et ceux faits après le réveil étaient à peu près les mêmes. Mais, alors que tout indiquait que les rêves remémorés au réveil étaient bien ceux racontés en plein sommeil, la surprise est venue d'ailleurs : de l'absence de mouvement oculaire rapide tout au long de ces récits – comme si les rêves venaient d'un autre endroit.

Avec ses fameuses expériences sur le sommeil et les rêves, le chercheur américain David Foulkes voulait localiser au départ le point exact où les rêves commençaient dans la phase REM[12]. Mais en réveillant les sujets de plus en plus en amont de la phase REM, il a découvert qu'à aucun moment le souvenir des rêves ne cessait. Il a donc laissé tomber l'idée qu'il y aurait en phase REM un point de départ des rêves, et commencé à envisager plutôt le rêve comme un processus constant au fil du sommeil. Des études ultérieures ont même montré que la phase NREM 4, qu'on pensait la plus profonde et la plus résistante au souvenir, produisait en fait plein de rêves, souvent similaires à ceux qu'on fait en phase REM[13].

Pareille continuité signifie qu'un travail de rêve – semblable peut-être à un processus de lecture, comme suggéré plus haut – a donc lieu tout au long de la nuit, et que des éléments inattendus et dérangeants sont liés aux motifs inconscients. Ce qu'on imagine être un rêve séparé, précisément localisé, n'est peut-être qu'une composante de cette séquence beaucoup plus longue. Ce qui nous ramène à la question du rapport entre les phases REM et NREM du sommeil[14]. La phase NREM précède presque toujours la phase REM dans le cycle de sommeil, et sa durée paraît dépendre de l'importance des phases NREM antérieures. Mais faut-il alors voir la phase REM comme une sorte de réorganisation ou de traitement de ce qui a été travaillé dans la phase NREM, une tentative pour sauver ce qui subsiste de celle-ci, ou au contraire un échec provisoire, une incapacité à maintenir la phase NREM ? En d'autres termes, REM est-il le nom de la rupture d'un état ou d'un processus antérieurs, d'un mécanisme de réparation, ou désigne-t-il le développement logique de cette phase NREM ?

Questions elles-mêmes réversibles, si l'on se réfère aux étapes de développement de la vie humaine, la phase REM y ayant été jugée plus ancienne que la phase NREM, laquelle n'émerge que plus tard dans le développement du nourrisson. Dans ce cas, la phase NREM serait elle-même une tentative pour traiter les éléments perturbants qui finiront par apparaître, au cours des premiers mois, dans la phase REM du sommeil. On ne peut rester qu'un temps limité en phase NREM – une ou deux heures –, ce qui suggère qu'il s'agit d'un état difficile à maintenir plus longtemps. Le sommeil est, à coup sûr, un processus cyclique, avec quatre ou cinq étapes depuis la phase NREM jusqu'au retour d'un état proche de notre somnolence du départ. En phase REM, les choses doivent devenir plus actives pendant une dizaine de minutes avant que le calme ne revienne, mais la transition vers la phase REM n'en est pas moins interrompue fréquemment.

Bien qu'on ait défini la phase NREM par son calme, on a peut-être en fait très mal compris ses ondes lentes et profondes. Plusieurs chercheurs ont trouvé en phase NREM de véritables tempêtes d'activité, la surface de la peau passant alors par des périodes d'excitation électrique intenses et prolongées[15]. De même les horribles terreurs nocturnes de l'enfance et parfois même de l'âge adulte n'émergent qu'en phase 4 NREM, jusqu'à faire passer pour tranquilles, en comparaison, les rêves fortement symbolisés qu'on associe avec la phase REM. Plus les ondes lentes de la phase NREM sont longues et profondes, plus intenses seront les terreurs nocturnes. Ce qui suggère aussi que les processus de symbolisation – autrement dit, de codage et de dissimulation – sont plus forts en phase REM, et que donc, malgré les mouvements oculaires saccadés et les accélérations du cœur et de la respiration, ce serait en réalité la phase de sommeil « tranquille ».

Il est plus difficile de se souvenir de l'activité psychique en phase NREM qu'en phase REM, et c'est bien pourquoi tant de chercheurs ont choisi de penser qu'il y en avait moins. Si l'on réveille des gens en train de parler pendant la phase NREM, ils auront tendance à ne se souvenir ni de ce qu'ils disaient ni qu'ils étaient en train de parler, alors que réveillés en phase REM ils se souviennent souvent de rêves et de suites entières de mots. Encore une fois, ce que montrent ces observations, c'est que le sommeil en phase NREM a beaucoup plus de choses à cacher, et qu'il relève d'intensités qui, une fois rendues conscientes, sont beaucoup plus difficiles à supporter.

Entre les signes d'excitation physiologique et ce qu'on imagine de l'activité psychique, la relation, ici, est éminemment complexe, et il n'y a pas de réponse toute faite. Si quelqu'un se tourne et bouge frénétiquement dans son sommeil puis se réveille pour raconter un cauchemar, il semble évident d'associer à son rêve sa respiration irrégulière, son rythme cardiaque accru et sa transpiration. Les exemples empiriques ne manquent pourtant pas de cauchemars horrifiques apparus sur fond de calme physiologique intégral. Par exemple, ce médecin qui s'est endormi harnaché de son équipement ballistocardiographique, et réveillé quelques minutes plus tard après un cauchemar dans lequel ses freins lâchaient au moment de garer sa voiture[16]. La voiture descendait en pente vers sa maison pendant qu'il cherchait le frein à main, en vain. Il raconte son angoisse insupportable et ses palpitations affolées ; et pourtant les mesures de sa pression artérielle, de son rythme cardiaque et de son ballistocardiogramme ne montrent absolument aucun changement. Le seul signe relevé a été un léger tressaillement de la main gauche.

On a l'habitude d'associer l'angoisse à des effets corporels, comme la transpiration et l'accélération du rythme cardiaque ; or, dans ce cas, elle semble être dissociée de la physiologie. L'implication du corps et des muscles renvoie effectivement à la question REM-NREM. Étrangement, les premiers travaux de Kleitman, Aserinsky et Dement insistaient toujours beaucoup sur la mobilité corporelle en phase REM et son absence en phase NREM. « Dans tous les cas, écrivent ainsi les deux premiers, les périodes de mobilité oculaire sont associées à des pics d'activité corporelle manifeste[17]. » Pourtant, les définitions ultérieures de cette phase REM du sommeil affirment qu'en dehors des mouvements musculaires involontaires indispensables comme ceux de la respiration, le corps est alors à peu près paralysé. Il est vrai que la tonicité musculaire chute considérablement en phase REM, et que certaines réactions réflexes sont même supprimées. Mais dans les années 1930, l'activité nerveuse accrue dans les muscles des bras était vue comme un signe que le sujet était en train de rêver, et de fait il y a plus de petits mouvements corporels en phase REM que dans le reste du cycle de sommeil[18]. On peut même assister à des mouvements plus amples, interprétés autrefois comme le signe qu'on passait d'une scène de rêve à l'autre. L'idée, en tout cas, était que cette perte de tonicité musculaire permettait d'éviter qu'on se mette à mimer corporellement ses rêves, comme si le rêve lui-même avait pour condition de possibilité l'inhibition du mouvement.

Il est intéressant, dans ce domaine, de rappeler que chez les personnes narcoleptiques – souffrant d'irrépressibles envies de dormir diurnes –, peut se produire d'un seul coup une semblable perte de tonicité musculaire, appelée cataplexie, et qu'elle a lieu en général dans des moments de grande émotion : quand une querelle débute, quand on commence à faire l'amour, quand on lève le bras pour frapper un enfant. Le corps s'effondre de façon spectaculaire alors que la personne reste éveillée, « comme un pantin dont on aurait lâché les ficelles[19] », selon la formule de l'une d'entre elles. Pas besoin d'être un prix Nobel pour en conclure qu'une inhibition corporelle semble interrompre ici un acte à forte charge affective, et, s'il est vrai que les personnes narcoleptiques commencent souvent leur sommeil par une phase REM, comme des chercheurs l'ont suggéré, on a peut-être un indice que la phase REM passe par une sorte de mise en veille de la capacité musculaire qui aurait permis à une tendance inacceptable ou dérangeante de s'exprimer.

Toute approche de ces questions doit arriver aussi à expliquer pourquoi on « rate[20] » souvent la première phase REM de la nuit, la plus brève, et, lorsqu'elle a lieu quand même, pourquoi elle est entrecoupée de brefs intervalles NREM avec souvent des quasi-réveils transitoires avant que ne commence la phase suivante, parfois une heure et demie plus tard. On a même prétendu que, puisque chaque phase REM du cycle nocturne présente un tableau physiologique différent, elle a peut-être un rôle spécifique, différent des suivantes[21]. Et puisque la plupart des phénomènes associés à la phase REM, comme la respiration irrégulière et l'engorgement ou l'érection génitale involontaire, commencent en fait juste avant le début de la phase, peut-être est-ce en réalité la séquence NREM qui est en train de se désintégrer et qui, pour reparaître plus tard, a besoin du traitement fourni par la phase REM. Ce qu'attesterait le fait que les mauvais dormeurs passent moins de temps que les autres en phase REM, tout comme l'atteste la surimposition d'un état REM à un état de veille chez les personnes narcoleptiques en proie à des émotions intenses, comme pour « traiter » en urgence ce qui leur arrive.

J'ai reçu en analyse un chercheur sur le sommeil, qui me racontait s'être réveillé d'un rêve avec la certitude soudaine d'avoir compris la différence entre les phases REM et NREM du sommeil. Dans son rêve, il était debout dans une pièce obscure en face du directeur de son laboratoire. On l'accusait d'avoir volé des documents, et il se sentait menacé. Il s'est alors enfui, traversant le bâtiment jusqu'à une zone plus sûre, où il s'est retrouvé parmi des collègues partageant ses points de vue. De l'autre côté de cet espace commençait une zone dangereuse où son patron et ses alliés rôdaient d'un air hostile. Il m'a dit sentir ici une nette démarcation entre trois lieux. Quand je lui ai demandé lequel de ces lieux était la phase REM et lequel la phase NREM, il m'a tout de suite répondu que la zone sûre était la phase REM et les deux zones dangereuses qui la bordaient, les phases NREM. Mais à la séance suivante, commentant ce même rêve, il avait changé d'avis…

9

Les rêves et Freud

Freud assurait que ce sont exactement les mêmes choses qui troublent notre sommeil et qui sous-tendent nos rêves[1]. Si l'on arrive à en savoir plus sur les causes de nos rêves, on pourrait mieux comprendre ce qui vient interrompre ou empêcher le sommeil. La théorie de Freud sur le rêve est presque toujours mal comprise ou caricaturée, alors que le point de départ en est très simple. La pensée fonctionne à plusieurs niveaux et, à côté de nos délibérations conscientes, des processus préconscients et inconscients sont en œuvre chez nous en permanence. Les pensées préconscientes sont celles qui peuvent accéder à la conscience, au contraire des courants de pensée inconsciente. Certains résultent d'une exclusion hors de la conscience, notamment parce qu'ils ne sont pas compatibles avec d'autres pensées. Ils tournent en général autour de la sexualité et de la violence, et seuls nous signalent leur existence des rêves, des symptômes, des lapsus, des gaffes et autres glissements de la parole.

Bien sûr, Freud admettait comme tout le monde que les rêves semblent souvent tourner autour de problèmes rencontrés pendant la journée. Mais il estimait que les apparences sont trompeuses. Quand on rêve, une pensée inconsciente s'accroche à une pensée préconsciente pour pouvoir entrer avec elle, comme un passager clandestin ou un autostoppeur cueilli par une voiture. Les pensées préconscientes peuvent porter sur des choses qu'on a mal faites ou qu'on s'apprête à faire et qui nous préoccupent : un examen, un rendez-vous chez le dentiste, un problème au bureau, un souci avec l'être aimé, des emails auxquels on n'a pas répondu.

Ensuite, on peut très bien rêver qu'on est assis à l'examen, qu'on est chez le dentiste, et ainsi de suite ; pour les lecteurs de Freud un peu pressés (ou pour ceux qui n'ont pas pris la peine de le lire), voilà illustrée la théorie qui voudrait qu'un rêve soit l'accomplissement d'un vœu : on s'en sort bien à l'examen, le dentiste ne nous fait aucun mal, etc. Mais du fait que tant de rêves, au contraire, racontent un échec à l'examen ou une extraction de dent particulièrement sanglante, beaucoup concluent que la théorie de Freud serait invalide, alors que ce n'est pas la sienne dont ils parlent. Le rêve peut déployer toutes les variations possibles à partir du motif préconscient, ce qui compte, c'est l'inconscient qui est caché derrière, embarqué discrètement avec lui pour contourner la censure psychique.

Freud pensait qu'une des conditions nécessaires pour arriver à dormir est un affaiblissement de la censure interne, qui ouvre dès lors une zone de danger dans laquelle des éléments inconscients risquent d'émerger. Un « travail de rêve » va alors avoir lieu : il passe par différents mécanismes d'encodage tels que la « condensation », qui fait converger plusieurs idées dans une seule image ou un seul mot, le

« déplacement », où l'accent est mis sur un élément plutôt qu'un autre, et la « révision secondaire », qui lisse les failles ou les contradictions et leur donne un vernis de cohérence. Le déguisement joue un rôle si central dans la production du rêve que les éléments les plus décisifs seront souvent les plus fugaces ou apparemment mineurs : la couleur de la chaise de dentiste, la qualité de la lumière, la texture du pupitre sur lequel on passe l'examen. Ce sont ces détails qui, par association, vont mener jusqu'aux éléments inconscients qui ont été introduits clandestinement dans le rêve.

Il y a donc, à l'intérieur du rêve, une différence entre le souhait et le désir[2]. Le souhait peut être conscient, en lien avec des problèmes de tous les jours, alors qu'on ne peut localiser le désir qu'à partir des associations faites par la personne qui rêve. Ces dernières sont radicalement individuelles ; elles relèvent de l'histoire unique de chacun, ce dont n'ont jamais tenu compte les expériences réalisées pour tester la théorie freudienne du rêve. Exemple fameux d'un tel contresens : les recherches du psychologue Ancel Keys sur les effets psychiques de la famine pendant la Seconde Guerre mondiale, où il s'étonnait de ne trouver parmi ses volontaires aucune augmentation notable des rêves de nourriture[3]. Les études suivantes furent à l'avenant, qui privaient les cobayes de tout liquide dans l'espoir de voir se multiplier les rêves où ils étanchaient leur soif. L'erreur, ici, consiste à confondre le souhait conscient ou préconscient (boire) avec le désir inconscient (quel qu'il soit, propre à chacun). Freud a peut-être lui-même encouragé le malentendu avec son fameux rêve déclenché par les anchois, qu'il évoque dans *L'Interprétation du rêve*. Dès qu'il mange le soir des anchois, des olives ou un autre aliment très salé, il explique qu'il est réveillé en pleine nuit par un rêve dans lequel il avale de l'eau « à grands traits » : « La sensation de soif, écrit Freud, fait naître le désir de boire et le rêve montre ce désir réalisé[4]. » Mais ce passage souvent cité précède le chapitre où Freud explicite sa théorie générale des rêves, qui vient pourtant le contredire.

Effectivement, la théorie plus large voit dans le souhait d'étancher sa soif un simple alibi, un prétexte pour détourner l'attention du désir inconscient, lequel sera plutôt inscrit dans un détail du verre où l'on boit ou dans un autre accessoire trivial. C'est que ce désir est furtif, insaisissable. Il ne peut pas prendre une forme déclarative, telle que « je veux boire de l'eau » ou « je veux tuer l'un de mes proches ». Le désir que traque l'analyse est rarement réductible à une seule phrase claire, il est plutôt logé entre les phrases, dans les lacunes et les écarts de la phrase. Car, dans la plupart des cas, le sujet n'est pas parvenu à articuler ce désir, ni à l'assumer pleinement. Il n'a jamais été possible, même, d'en avoir la pensée.

Même les rêves les plus simples peuvent dissimuler cette dimension de désir. William Dement raconte qu'il est entré dans la chambre de sa fille alors qu'elle avait à peine 2 ans et a remarqué tout de suite le mouvement rapide de ses yeux dans son sommeil[5]. Tout à coup elle a dit : « Cueille-moi ! Cueille-moi ! » Il l'a alors réveillée, et elle lui a expliqué immédiatement : « Oh ! papa, j'étais une fleur. » La clé n'est pas qu'une fleur soit ce que l'on cueille, mais que l'ambiguïté même de ce verbe puisse aussi suggérer : « Choisis-moi ! » Le désir inconscient d'être choisie à la place de ses frère et sœur ou de l'autre parent, à leurs dépens, s'est peut-être juste caché dans le rêve inoffensif de la fleur.

Ce processus, on le trouve à foison relayé par les mythes et les contes. Dans l'histoire de Thésée et de son combat contre le Minotaure, le héros promet à son père qu'il changera la voile de son bateau s'il emporte la victoire. Mais après avoir tué le monstre il oublie sa promesse, et son père, voyant à l'horizon la voile inchangée du bateau, se jette d'une haute falaise. On a donc deux rapports superposés : « un fils tue délibérément un non-humain qui n'est pas son parent », et « un fils tue accidentellement un humain qui est son parent ». Le désir freudien ne renvoie ni à l'une ni à l'autre de ces phrases, mais à la relation entre elles, dans laquelle émergera peut-être le désir délibéré de tuer un parent humain.

Pour prendre un autre exemple, la mère du Petit Chaperon rouge lui dit bien de ne pas parler aux inconnus sur le chemin qui la mène chez sa Mère-Grand. Le Petit Chaperon rouge désobéit en parlant au loup, mais évite de parler au bûcheron, qui pourtant lui sauvera la vie. Ici encore on a des rapports superposés : « une petite fille désobéit à un interdit en parlant à un dangereux non-humain », et « une petite fille obéit à un interdit en ne parlant pas à un humain non dangereux ». Entre ces deux phrases on peut imaginer que vient se loger quelque chose comme le désir dangereux qui lierait une petite fille et un homme.

Le désir ne saurait tenir pleinement dans une proposition déclarative au sens clair plutôt que dans une autre, mais réside plutôt dans les contradictions et les incohérences entre elles. Rêver revient à traiter un problème, à essayer différentes configurations et permutations des choses autour d'un point impossible. Ce qui peut impliquer du désir mais aussi des traces d'expériences traumatiques – ou les deux. Dans de nombreux cas, le rêve propose l'interprétation d'une relation, il fait ressortir le rapport que nous entretenons avec un Autre d'importance, ou celui que cet Autre entretient avec nous.

Dans une note étonnante de *L'Interprétation du rêve*, Freud remarque qu'on ne peut comparer « le rêveur dans sa relation à son rêve qu'à un amalgame entre deux personnes différentes qui seraient reliées par un élément commun important[6] ». Et ce qui peut satisfaire l'un peut très bien angoisser l'autre. Le rêve, en ce sens, est souvent une réponse apportée à ce que je perçois inconsciemment comme le désir de l'Autre – presque toujours un Autre parental –, que ce soit le désir de m'absorber, me fétichiser, me nourrir, m'avaler, m'annihiler, me faire plaisir ou m'abandonner. Un rêve vient souvent articuler et clarifier ce désir, suscitant alors frayeur ou angoisse, ou bien révéler un changement dans notre rapport à ce désir, produisant un sentiment de soulagement ou un certain détachement. Une patiente en grande souffrance, dans l'attente désespérée qu'un homme cher à son cœur lui fasse enfin signe, a rêvé que son propre père lançait un ballon depuis un balcon. « Le ballon aurait pu blesser quelqu'un en bas, m'expliqua-t-elle, mais il s'en fichait. » Dans son travail d'associations, elle s'est souvenue qu'un masseur lui avait dit, quelques années plus tôt, que c'est en pensant que quelqu'un lui faisait mal qu'elle s'était fait ce mal de cou qui l'amenait alors devant lui. Le masseur lui avait conseillé d'imaginer la douleur dans son dos comme un ballon gonflable flottant dans les airs. Elle s'est rendu compte que, dans son rêve, la personne qui pouvait faire mal à d'autres était son père, qui en plus s'en fichait. Là où le ballon aurait dû flotter en l'air, il le lançait vers le bas.

Son rêve, en somme, procédait à la fois de ce qu'elle sentait dans la relation de son père avec elle et d'un commentaire sur sa propre situation. L'homme qu'elle attendait en vain prolongeait sa souffrance, reprenant le schéma paternel. Comme l'a bien compris ma patiente, ce rêve, au contraire de beaucoup d'autres, n'exigeait aucune interprétation, puisqu'il en était lui-même une. Il lui montrait ce qui sous-tendait sa situation pénible du moment, et il fut suivi, chose intéressante, par une série de rêves qui déclinaient pour elle différents scénarios dans lesquels elle changeait sa position. Dans l'un d'eux, elle continuait d'attendre en souffrant après avoir été lâchée par ses proches, et dans un autre elle décidait d'aller les trouver et de leur demander pourquoi ils étaient tous partis.

On est bien loin, cette fois, de l'histoire des anchois et, au-delà, de toutes les réductions faciles de la théorie freudienne. On a aussi, pour prendre un autre exemple, celui de Matthew Walker, déjà cité, qui pour discréditer la psychanalyse procède comme suit : il demande à quelqu'un dans son cours de raconter à tout le monde un rêve qu'il a fait, il l'écoute, puis scrute l'étudiant « délibérément et intensément » et, acquiesçant de la tête, lui dit : « Je sais exactement de quoi il s'agit dans ce rêve. » Il laisse passer un moment puis énonce son interprétation : « Votre rêve porte sur le temps, plus précisément sur le regret de ne pas avoir assez de temps pour faire tout ce que vous voudriez faire dans la vie. » La formule a l'air de convaincre l'étudiant comme le reste de la classe, à qui il révèle alors qu'il propose chaque fois cette même interprétation quel que soit le rêve. Voilà qui est censé réfuter scientifiquement la théorie freudienne des rêves[7].

Qu'est-ce qui se joue dans cette petite expérience, en réalité ? La mise en scène qu'il impose permet juste à un professeur d'affirmer sa supériorité sur ses étudiants : il est celui qui sait, eux non. Même quand il avoue finalement qu'il propose la même interprétation chaque fois, c'est pour renforcer sa position de savoir aux dépens de ses étudiants ignorants, si bien que l'expérience ne démontre rien d'autre que l'effet sur un groupe humain de l'influence et de l'autorité. C'est exactement, en somme, le contraire de l'analyse, dans laquelle on aide le patient à comprendre qu'il est le seul à savoir et, dès le début, l'analyste renonce à toute position de savoir ou d'expertise. C'est pourquoi il n'y a aucun « expert » chez les psychanalystes, tout au plus une pléiade hétéroclite d'asociaux qui ont en commun l'espoir de ne pas impressionner leurs patients de leur savoir mais, à l'inverse, de pouvoir peut-être apprendre d'eux.

Après la sortie en 1899 de *L'Interprétation du rêve*, le souci principal de Freud sur ces questions n'a plus été l'interprétation elle-même des rêves mais leur usage, leur traitement, leur fonction et la prudence de l'analyste. Il cherchait à tout prix à tempérer le zèle interprétatif manifesté par certains de ses étudiants, et à briser ce qu'il appelait le « respect excessif[8] » qu'ils avaient tous pour le rêve. Les rêves étaient certes porteurs de significations cachées, mais pour bien faire leur travail, les analystes devaient, selon Freud, renoncer à leur quête passionnée de la révélation fulgurante. Un rêve, répétait-il, ne pourra jamais être pleinement interprété, et de même qu'il n'y a pas de règles établies pour la lecture des rêves il n'y a aucun lexique approprié à la symbolique des rêves. Tout dépendrait toujours de chaque rêve individuel, dans un contexte de cure et d'analyse propre à chaque patient.

Il faut bien distinguer ici la signification des rêves de leur fonction. Concernant cette dernière, Freud pensait au début qu'on rêvait surtout pour protéger son sommeil. Le rêve remplit cette fonction en agissant sur les facteurs internes et externes qui, sinon, nous maintiendraient en état d'éveil : c'est ainsi que des problèmes rencontrés dans la vie de tous les jours seront une part de nos rêves, et que des pensées inconscientes s'y raccrocheront, mais déguisées, cachées dans le rêve. Dans la mesure où ce qui est refoulé pourrait « contrarier l'envie de dormir », une opération compliquée doit avoir lieu pour endormir notre vigilance et nous sortir de la veille. Freud expliquait que, ces facteurs internes représentant pour nous une menace, ils devaient être soumis à une sorte de censure, celle qu'accomplit le travail de rêve – ce processus d'encodage et de dissimulation qui construit le rêve.

Un homme, en analyse, raconte s'être réveillé avec pour seul souvenir de rêve l'image parfaite d'un citron[9]. Sur le coup, aucune association ne lui est venue pour éclairer cette étrange apparition, qui le laissait perplexe, mais un souvenir ancien lui est apparu quelques semaines plus tard : il avait entendu, quand il avait 5 ans, le fils de la bonne expliquer que le vagin de sa petite amie était tellement distendu après leurs folles nuits qu'il avait essayé, malgré ses protestations, de le resserrer en y pressant le jus d'un citron. Les motifs du plaisir scopique, sadique ou masochiste, quel qu'il soit, avaient été dans son rêve réduits à, ou remplacés par, l'image spartiate du citron.

Il faut se rappeler que Freud, quand il parle de censure, ne désigne pas un petit bonhomme logé dans votre tête qui déciderait ce qui aura ou non accès à la conscience. À la manière d'une compression, il s'agit d'un processus structurel, enclenché par le jeu du pensable et de l'impensable. Mais bizarrement on a du mal à ne pas y voir un petit penseur embarqué, l'idée que quelqu'un là-dedans doit bien juger de ce qui peut ou ne peut pas être pensé. Or, la censure psychique est d'une tout autre nature. Dans l'exemple précédent, on imagine que le petit garçon de 5 ans ne pensait pas « j'ai du plaisir à regarder cet acte d'agression sexuelle » ou « une femme est punie pour avoir éprouvé du plaisir sexuel », mais que, à l'endroit où ces pensées pouvaient se former, l'image du citron s'est produite.

C'est peut-être au moment de l'endormissement que ces questions ont le plus d'importance. Nous laissons, à ce moment-là, nos pensées divaguer et prendre parfois de drôles de directions, avant que le travail de rêve ne vienne les encoder. Un patient raconte, horrifié, qu'à la seconde où sa compagne l'a réveillé, juste après qu'il s'était endormi, il avait en tête l'image furtive d'être en train de toucher le corps nu de sa mère, suivie presque instantanément par l'image tout aussi furtive d'un plat de moules et de patates douces sortant du four. Les deux images lui ont semblé parfaitement contiguës, sans qu'il parvienne à faire aucun lien entre elles, concluant son curieux agencement par ces mots : « Ces deux choses n'ont rien à faire ensemble » – un condensé aussi précis qu'élégant de ce qu'est le désir œdipien.

On peut supposer ici que le travail de rêve a converti la pensée trop dangereuse en cette image de plat cuisiné. Il est intéressant que le patient au départ n'ait pas pu relier les deux, preuve que la censure fonctionnait bien. Car si le sens en avait été évident, le processus d'encodage aurait échoué. En matière d'associations, les patates douces aussi bien que les moules se sont révélées avoir des liens avec l'enfance et, bien sûr, avec les corps masculin et féminin, mais tout cela ne surgirait qu'ensuite, après un travail analytique minutieux. On remarquera aussi que ce n'est pas cette pensée qui l'a réveillé – on se demande, décidément, comment de telles séquences sont simplement possibles.

Ce moment liminaire est sans doute la région du sommeil la plus mystérieuse et la moins étudiée, tant il est difficile ici de saisir le lien entre les étapes du processus mental. Si l'on nous réveille dans ce premier sommeil, une image ou une pensée peut rester en mémoire, mais il est presque impossible de saisir le passage d'un élément à un autre. L'introspection atteint ses limites, et la vitesse à laquelle on oublie, à ce moment-là, est stupéfiante. En cette étape clé de l'endormissement, l'opacité de la connexion fait peut-être bien partie du processus.

Un autre exemple est celui de cette femme que la consigne d'attacher sa ceinture a soudain réveillée alors qu'elle s'endormait dans un avion : elle a fait alors un immense effort et réussi à se souvenir de la séquence psychique exacte qui s'était déroulée en elle à la seconde où elle s'était assoupie. Elle récapitulait une pensée qu'elle avait eue plus tôt dans la journée, estimant qu'elle n'en voulait pas seulement à sa mère pour s'être trop souvent baladée nue à la maison mais aussi à son père pour des raisons comparables, pensée suivie tout de suite par l'image du plan d'une ville. La ville était vue du ciel, avec une zone bien reconnaissable, à cause des lignes qui en partaient en étoile, « ça, je savais que c'était mon père », et avec, un peu plus loin, une sorte de statue ou de pilier, « ça, je savais que c'était ma mère », expliqua-t-elle en séance. Elle voyait l'image dézoomée, la statue maternelle s'y trouvant isolée et « toute petite » par rapport à « la zone paternelle beaucoup plus étendue ».

Le plus frappant dans cette séquence est la façon dont une pensée est convertie en image visuelle, laquelle, on peut le supposer, aurait été entièrement oubliée ou absorbée dans un rêve si la passagère n'avait pas été réveillée à ce moment-là. Et si elle n'avait pas fait le lien entre cette image et la pensée qu'elle avait eue dans la journée, l'image aurait résisté à toute interprétation, pour n'être qu'un fragment visuel insignifiant comme beaucoup peuvent surgir en nous. Cet exemple illustre bien le rôle de la censure, puisque les idées liées à ses parents nus, manifestement perturbantes, n'avaient pu émerger dans la journée qu'au terme d'une séance d'analyse. L'image de la carte avait ainsi métamorphosé l'idée, la déguisant pour qu'elle ne soit pas reconnaissable. Face au risque que l'on court à autoriser en nous de telles idées, ce qui nous sauve est peut-être la rapidité avec laquelle s'enclenche le processus d'encodage.

Mais parfois le risque est trop grand. Si les éléments perturbants sont trop forts ou trop présents, explique Freud, on renonce au sommeil lui-même. Plutôt que la distorsion ou le chiffrage de nos pensées, nous choisissons l'insomnie : se réveiller, quitter l'état de sommeil. C'est d'éprouver cette proximité de l'inconscient – ou de ce qui ne peut pas être absorbé dans l'inconscient – qui suscite l'angoisse ressentie dans ces moments-là, celle que connaissent bien les gens qui se réveillent en pleine nuit dans un état de panique ou d'effroi. Freud ajoute que l'insomnie est presque intentionnelle chez certaines personnes, car l'endormissement les exposerait à ce risque d'une levée de la censure intérieure. Plutôt que d'être réveillés en pleine nuit, ils préfèrent ne pas s'endormir.

Ce qui nous empêche de nous endormir est donc aussi ce qui nous aurait réveillé : le point le plus perturbant de nos pensées inconscientes. L'essentiel est de ne pas confondre le préconscient et l'inconscient, comme le font trop souvent les thérapies de l'insomnie, même le mieux intentionnées. Démêler les soucis du quotidien et apprendre à se relaxer peut avoir une valeur thérapeutique, mais sans affecter les causes profondes des troubles du sommeil, qui résident dans l'inconscient – ou dans ce qui n'arrive pas à s'y résorber –, lequel utilise les problèmes du quotidien comme vecteur d'expression. Ce qui ne facilite pas les choses, on l'a dit, tant il est difficile d'accéder au contenu de l'inconscient et, dès lors, de le transformer. Pour comprendre tout cet agencement, on peut prendre un autre exemple célèbre, commenté par Freud dans *L'Interprétation du rêve*.

Un père avait veillé son fils gravement malade pendant

des jours et des nuits. Après sa mort, il va s'allonger dans la pièce voisine, laissant la porte ouverte pour ne pas perdre de vue la chambre dans laquelle reposait l'enfant, entouré de grands cierges. Pour veiller sur le corps, on avait embauché un vieil homme, qui était assis là, en train de marmonner des prières. C'est dans ce contexte que le père s'est endormi sur le canapé et a fait le rêve suivant : « L'enfant est près du canapé, il prend le bras de son père et murmure d'un ton plein de reproche : "Père, ne vois-tu donc pas que je brûle ?"... » Le père se réveille alors en sursaut et aperçoit une vive lumière qui provient de la chambre mortuaire : le vieillard s'étant assoupi, le linceul et un bras du petit cadavre sont en train de brûler après qu'un cierge leur est tombé dessus.

À un premier niveau, commente Freud, le rêve s'explique facilement. La lumière brillant dans la chambre voisine s'est reflétée dans l'œil du père endormi et l'a averti qu'un cierge était tombé sur son fils. Il s'est donc réveillé pour découvrir cette vision terrible. Mais tout le problème est qu'il ne s'est pas réveillé tout de suite : entre la perception qu'il a eue (de la lumière) et la conscience qu'elle a produite (du feu), il y a eu un rêve. Le stimulus externe (la lumière) était fondu dans le rêve et ne pouvait donc pas réveiller le père immédiatement, et c'est dans cet intervalle que s'est logée la part d'inconscient du rêve.

Dans son commentaire du même rêve, Lacan suggère que ce n'est pas vraiment la lumière du feu qui réveille le père, mais plutôt quelque chose d'insupportable dans la relation père-fils, un point de reproche, lié peut-être à la culpabilité qu'éprouve le père envers son fils[10]. À un niveau, donc, la question « Père, ne vois-tu donc pas que je brûle ? » renvoie au feu lui-même, et au-delà, peut-être au réel de la mort masqué par l'image de la flamme, mais à un autre niveau cette phrase fait résonner l'éternel reproche du fils au père pour lui avoir fait défaut. Alors même que nous ne savons rien de celui qui rêve et de son fils, le rêve fait ressortir ces deux niveaux : un niveau manifeste, plus superficiel, lié à la situation concrète du dormeur, et un niveau caché, inconscient, qui renvoie à des sentiments et des pensées dont il pourra très bien ne jamais avoir conscience et qui sont peut-être trop intenses, de toute façon, pour que sa conscience les supporte.

Alors pourquoi le père qui rêvait ne s'est-il pas réveillé quand il a perçu sur son visage la lumière et la chaleur venues de la pièce voisine ? Freud suggère que c'était pour laisser son fils mort vivre un tout petit peu plus longtemps dans son rêve, tout en précisant que « les autres souhaits, venus du refoulé, nous échappent probablement », en référence au fait qu'on ne connaît ici rien d'autre du contexte. Il fait un lien, en tout cas, avec l'occasion qu'offre au père cet accident du cierge. Ce dernier lui a-t-il permis de se représenter sa culpabilité et sa souffrance, incarnées en rêve dans le geste de son fils qui lui prend le bras ? Son réveil serait alors une conséquence non de la lumière ressentie sur son visage, mais de tout l'insupportable de cette douleur. Le stimulus sensoriel viendrait donc en second, après le stimulus psychique.

On peut penser aussi à la terrible scène finale du film *Carrie* de Brian De Palma, sorti en 1976. L'étudiante éponyme, après avoir fait un carnage effroyable pour venger son humiliation à la fête de fin d'année de son lycée, tue sa propre mère avant de s'immoler par le feu dans leur maison. Sue, une camarade de classe qui avait elle aussi humilié Carrie, vient fleurir sa tombe et, au moment où elle se penche pour déposer les fleurs, une main sort de la terre et l'agrippe soudain – comme l'implacable main du fils sur le bras de son père dans le rêve du cadavre en feu. Sue alors se réveille, et on comprend que ce n'était qu'un rêve, mais un rêve plein de quelque chose de plus réel que la réalité : quelque chose qui matérialise le reproche mortel que lui adresse son amie, et qui crée pour la suite un point de culpabilité sans fin.

Pendant la Première Guerre mondiale, les soldats atteints du syndrome de l'obus se forçaient souvent à rester éveillés pendant la nuit de peur qu'un rêve ne les ramène vers un point de panique insurmontable. Et là où ce processus est un simple ressort dans des films comme *Carrie*, il organise toute l'histoire dans le film d'horreur *Les Griffes de la nuit*, tant de fois réadapté, où Freddy, l'assassin surnaturel, réussit à commettre ses crimes à l'intérieur des rêves de ses victimes. Il ne peut, dès lors, être poursuivi et finalement vaincu que dans ces mêmes rêves : les questions de vie et de mort ne s'y posent plus dans l'existence diurne, à l'état d'éveil, mais dans le monde du sommeil et des rêves, qui nous est plus proche que toute la réalité extérieure commune.

Ce que ces exemples nous rappellent, c'est aussi que les spéculations philosophiques sur l'érosion des frontières entre éveil et sommeil ne sont elles-mêmes peut-être pas que des rêveries. Pour le psychanalyste Lawrence Kubie, justement, nous ne sommes jamais complètement éveillés, de même que nous ne sommes jamais complètement endormis – ce que cherchaient à démontrer les chercheurs sur le sommeil des années 1950 et 1960, plus soucieux qu'aujourd'hui de biologie et de physiologie. Selon Kubie, les barrières entre sommeil et veille sont relatives et pas absolues, avec « des parts de nous qui sont endormies quand on est éveillé et des parts de nous éveillées quand on est endormi[11] ». Après la « découverte » des phases REM de sommeil, il a été suggéré plusieurs fois que ces mêmes cycles se succédaient pendant les heures diurnes, et que les tracés de nos électroencéphalogrammes ne permettent pas toujours d'établir entre les deux états une distinction aussi nette qu'on le pense[12].

Tout cela est peut-être tiré par les cheveux, mais l'idée que nous serions en permanence dans une forme ou une autre d'éveil n'est, quant à elle, pas improbable. Les mères se réveillent au son le plus infime de leur enfant qui remue dans son berceau, et un père qui dort alors que son enfant hurle peut être réveillé tout à coup par la vibration de son téléphone. Avant les téléphones mobiles et les beepers, on réveillait les internes hospitaliers en émettant la séquence sonore 1,1234, mais on n'y arrivait pas avec la séquence 1,123 ou 1,12345. Et il ne fait aucun doute qu'on dort parfois les yeux ouverts, ni qu'on dort toujours les oreilles grandes ouvertes. Avant que des expériences de laboratoire en démontrent la possibilité, certains ont vu le grand mathématicien Norbert Wiener dormir et ronfler pendant toute la durée d'une table ronde jusqu'à ce qu'il ouvre soudain les yeux et fasse sur la discussion en cours des commentaires on ne peut plus pertinents[13].

De fait, les différences entre veille et sommeil ne sont pas aussi catégoriques qu'on aimerait le croire. On prend pour acquis ce que signifierait l'état d'éveil alors qu'une définition stricte en est à peu près impossible. Sûrement pas « avoir les yeux ouverts », qui peut se produire pendant le sommeil ou dans d'autres états sans conscience[14]. On a même vu, dans une expérience, un sujet endormi à qui on maintenait les paupières ouvertes et imposait la lumière directe d'une ampoule de 150 watts, tandis que le chercheur devant lui agitait sa main et lui parlait : aucun changement ne se produisait sur l'électroencéhpalogramme, ni le moindre signe d'éveil[15].

Pendant un temps, les notions d'« attention » et de « contact avec la réalité[16] » ont été une option pour définir l'état de veille, mais on a vite dû admettre qu'elle était fantaisiste, la plupart des gens évalués dans ce sens ayant l'air de tout sauf d'être « en contact avec la réalité » : ils ne réagissaient pas à des stimuli puissants, leur esprit divaguait dans de drôles de directions, mêlé librement à des images fantasmatiques. On a demandé une fois à des médecins en train de suivre une conférence scientifique de décrire les processus de pensée qui avaient effectivement lieu en eux au même moment, et il a été difficile d'y déceler la moindre trace d'un « état d'éveil[17] ». L'un d'eux s'imaginait en train de tirer au pistolet sur chacun des grands portraits accrochés aux murs de la salle ; un autre imaginait qu'il mourait et que son âme passait par le trou de la serrure de la salle avec un sifflement très aigu ; un autre encore s'imaginait soudain en lévitation en train de planer au-dessus de l'assemblée stupéfaite ; et un dernier a vu la tête et le haut du corps d'un des portraits accrochés prendre vie sous ses yeux.

De même, la notion d'« attention » est loin d'être synonyme de l'état d'éveil, tant nous nous concentrons sélectivement et directement sur quelque chose justement pour nous mettre à l'abri de la souffrance et de l'angoisse. Dès qu'on se sent dépassé ou mal à l'aise, on a tendance à employer l'attention dans ce sens focalisé, le sens de prêter attention *à* quelque chose, qu'il s'agisse du travail ou des loisirs. Au dos des sièges d'avion il y a souvent un dépliant qui nous conseille de diriger notre attention sur un objet précis dans la cabine en cas de peur soudaine ou de mal de l'air. Si une telle focalisation a pour fonction de mettre notre esprit à l'abri de ce qui pourrait le perturber, c'est que l'attention est moins à associer à l'état d'éveil qu'à une démarche de défense, peut-être justement contre les mêmes éléments perturbants dont nous protège le sommeil.

Tout aussi tentante est l'idée symétrique qu'on serait constamment dans un état de sommeil, dont nous réveillerait très occasionnellement quelque brèche traumatique dans nos systèmes de défense. L'électroencéphalogramme des gens qui sont occupés à des gestes rythmiques et monotones, comme les lents mouvements réguliers qu'on fait pour danser sur des musiques traditionnelles, est typiquement celui de quelqu'un de légèrement endormi. On a vu des soldats s'endormir pendant de très longues marches tout en continuant leur route. Et le spécialiste du sommeil Ian Oswald a pu marcher les yeux fermés à travers la ville d'Édimbourg pendant un certain temps, flanqué d'un assistant de chaque côté, en étant techniquement en état de sommeil.

Face à toutes les questions en vogue qui circulent sur les réseaux sociaux, les jeunes aujourd'hui disent qu'il faut être *woke*, le participe du verbe ré/veiller, comme si effectivement l'état normal était le sommeil. Et Lacan, lui, pensait que, si le père de l'enfant mort qui brûle se réveillait (*woke*), c'était pour pouvoir continuer à dormir. À quoi on pourrait opposer le récit que fait Viktor Frankl de son expérience dans l'enfer des camps d'extermination nazis. Dans *Découvrir un sens à sa vie*, qu'on ne lit plus trop, il raconte avoir vu, une nuit, dans le baraquement d'Auschwitz, son voisin gesticuler violemment dans son sommeil[18]. Il voulut alors le réveiller d'un geste réconfortant, mais il retint sa main qui s'apprêtait à le toucher. Il avait compris qu'il aurait commis une grave erreur : l'horreur du camp dans laquelle cet homme se serait réveillé était pire, écrit Frankl, que tout ce que peut imaginer une rêverie humaine. Il l'a donc laissé à ses cauchemars.

10

Sommeil et langage

On a vu que, pour Freud, si ce qui nous dérange peut aller jusqu'à nous réveiller, ça peut être aussi une raison d'éviter de dormir tout court. Et pourtant, on continue d'estimer que ne pas dormir ne peut pas être un acte de volonté consciente : nous voulons dormir, nous dit-on, et c'est le conflit entre ce vœu et notre inaptitude au sommeil qui nous semble si perturbant. Or, les insomniaques savent très bien que *vouloir*, ici, est précisément ce qui peut bloquer le sommeil. L'image de la psyché concentrée sur ce vœu de sommeil fait penser à une sorte d'autohypnose, et on a d'ailleurs longtemps associé le sommeil à l'hypnose. En langage médical, les somnifères aujourd'hui sont appelés des « hypnotiques » – du grec *hypnos*, sommeil – et dans les spectacles d'hypnotiseurs, le sujet convié sur la scène s'entend dire : « Maintenant, vous plongez dans un profond sommeil… »

Un paradoxe très simple. Vouloir dormir devient le centre de notre attention, alors que pour arriver à dormir nous ne sommes censés ni penser ni vouloir. Dès lors, plus on essaie de dormir, moins on y parvient. Comme le formule simplement Charles Dickens, « on ne peut s'empêcher de penser que l'angoisse de ne pas dormir est une cause majeure de l'insomnie ». Dans son histoire de l'insomnie, l'essayiste Lee Scrivner décrit avec beaucoup de justesse ce cercle vicieux du vouloir dormir qui finit toujours par empêcher de dormir[1]. C'est ce qui fait que les thérapies de l'insomnie nous enjoignant de penser fort à une plage de sable ou à une pièce blanche et vide risquent surtout de nous maintenir éveillés, puisque au-delà de la monotonie répétitive de ces images, censée nous apaiser, il s'agit encore pour l'esprit de se focaliser sur quelque chose. La thérapie de l'insomnie, conclut Scrivner, devient sa cause. Ou comme l'écrivait du sommeil le poète John Suckling, au XVIIe siècle, « plus je le courtise, plus il me méprise… ».

Dans plusieurs cas, le sommeil en vient souvent à incarner l'objet du désir, pas pour sa valeur en soi mais simplement parce qu'il est devenu inaccessible. Plus l'insomniaque cherche le sommeil, semaine après semaine, mois après mois, plus tout dans son existence semble y renvoyer, cependant que ses consultations auprès de médecins ou de psychologues font du sommeil l'unique objectif de sa vie. Il passe la journée à s'imaginer le soir incapable de s'endormir, s'inquiète des conséquences de son mal et, une fois allongé dans son lit, rumine avec angoisse ce qu'il se passe en lui, avant de calculer dès son réveil le temps qu'il a passé sans dormir. L'insomnie – l'incapacité à dormir le soir dans son lit, mais surtout le discours tenu à ce sujet jour après jour – lui devient une forme de désir, et il est d'autant plus difficile de changer. Il faut que quelque chose d'autre prenne la place de l'insomnie – en cela l'amour, là aussi, peut avoir des vertus.

Que vouloir dormir nous maintienne éveillé ouvre aussi sur un autre paradoxe apparent. Si l'on peut rester allongé la nuit sans pouvoir éteindre en nous le courant des pensées, c'est que pour dormir il faut que les pensées se taisent. À y regarder de plus près, le paradoxe est que ces pensées ont une forme verbale alors même que, très souvent, ce qu'il faut pour enclencher le sommeil ce sont justement des mots. Dans son *Anatomie de la mélancolie*, Robert Burton ne recommandait-il pas de « lire quelque auteur agréable jusqu'à s'en trouver endormi » ; et moins loin de nous, le médecin américain Joseph Collins ne terminait-il pas son célèbre essai de 1912 sur le sommeil par un chapitre intitulé « La lecture comme soporifique », où il soulignait que les livres sont le moyen le plus courant qu'aient trouvé les insomniaques pour « purger leur esprit » des pensées qui les dérangent.

L'insomniaque, explique-t-il, a recours aux livres comme il le ferait « des opiacés », et chaque lecteur doit trouver le livre qui arrivera à « écarter les pensées insistantes et vagabondes qui le harcèlent[2] ». « Il faut que je me sorte de ma tête pour pouvoir dormir, dit un insomniaque, et les livres sont le seul moyen. » Exactement comme les enfants veulent qu'on leur lise une histoire avant de dormir, les adultes trouvent dans les livres une échappée loin de ce qui les aurait tenus en éveil. Et pourtant, quelques courtes décennies après le best-seller de Joseph Collins, les éditeurs de livres ont commencé à se plaindre qu'avec l'accès facile désormais à des somnifères efficaces leurs ventes de romans soient en baisse. Comment se peut-il qu'un médicament, ici, remplace si facilement le langage ? Et de quelle façon les mots nous aident-ils à glisser dans le sommeil ?

Le psychanalyste Vincent Dachy explique : les lectures du soir sont « astucieusement faites afin d'augmenter en nous la tension, juste assez pour que les laisser, ensuite, nous apaise, au moment précis où l'angoisse [du sommeil] se serait insinuée[3] ». La tension propre aux récits va maintenir à bonne distance les menaces autrement effrayantes liées au sommeil – et à tout ce qu'il implique : elle nous distrait tout en nous y préparant. Et les livres de chevet abordent souvent ces thèmes dont sont tissés nos malheurs personnels : l'amour, la séparation, la mort – pour ne citer que les plus évidents. Mais au-delà du contenu explicite de ces histoires, y a-t-il autre chose, dans la lecture, qui ait un effet sur nous et nous aide à trouver le sommeil ?

Le fait que les mots écrits sur la page soient d'un autre nous aide-t-il à quitter nos pensées pour un autre lieu ? Nous faut-il l'histoire d'un autre pour pouvoir quitter notre propre histoire ? S'endormir, expliquait Freud, ne requiert pas seulement le retrait des stimuli externes mais une modification de notre relation avec eux. Tirer les rideaux, éteindre les lumières, se déshabiller, se protéger du bruit : voilà bien sûr, à un certain niveau, un retrait des stimuli externes. Mais ce sont aussi des symboles du processus en jeu, du passage d'un état à l'autre, des métaphores de ce travail du retrait. D'autant que le sommeil peut très bien nous gagner en présence de ces stimuli, comme le savent tous ceux qui vivent près d'une avenue très passante ou se sont déjà endormis la lumière allumée.

Les rêves, eux, savent très bien incorporer en eux ces choses mêmes qui devraient nous réveiller. Dès lors, pour arriver à dormir, il ne faut pas exactement supprimer les stimuli sensoriels, plutôt limiter notre rapport avec eux. Mais comment modifier notre rapport aux stimuli ? Dans la vie de tous les jours, les téléphones et les écrans représentent une demande permanente, au sens où ils nous sollicitent sans fin. Nous sommes les récepteurs incessants de messages, de questions, d'échanges et d'injonctions. Quelle qu'en soit la forme, ils nous interpellent tous, exigeant de nous une réponse, une réaction. Ce qui est le propre, en fait, du langage humain en général.

La linguistique distingue traditionnellement trois fonctions principales du langage : référentielle, expressive et conative. La première désigne la façon qu'ont les mots de se référer à des objets extérieurs et de créer des significations ; la fonction expressive désigne le rapport du locuteur avec ses mots et avec la dimension d'expression du langage ; et la fonction conative désigne la relation du locuteur avec son destinataire, comme dans l'ordre donné ou la question posée. Il est frappant de constater que ces catégories générales laissent de côté l'expérience effective de celui ou celle à qui les mots s'adressent, alors qu'elle est, après tout, notre condition dès le tout début de l'existence. On nous parle et on parle de nous quand nous sommes encore *in utero*. Mais alors qu'on s'adresse à nous sans rémission dès notre arrivée dans le monde, il y a très peu de place pour formuler la moindre réponse jusqu'à ce que nous développions avec nos proches un système et un rythme de communication.

Il est possible de refuser bien des aspects de cette dépendance initiale, comme d'être nourri ou forcé à faire ceci ou cela, mais il est beaucoup plus difficile d'échapper à cette expérience primaire d'être un destinataire de langage[4]. Ce dont témoignent, sous une forme plus brute, les expériences hallucinatoires que rapportent certains sujets psychotiques, lorsqu'ils sentent qu'une voix ou un regard les prend à partie, s'adresse à eux directement, et à personne d'autre, sans qu'ils comprennent le contenu du message. Ce qui peut être, effectivement, un ressort majeur de la torture. Tout le monde a entendu parler des conditions de survie effroyables dans les camps de concentration, mais ce que racontent tous les survivants, c'est aussi l'horreur des pratiques d'interpellation constantes imposées par les nazis : appels à toute heure, vérifications d'identité, inspections, tout ce qui passe par la convocation vocale du détenu. Même quand il était clair que l'interpellation ne débouchait pas sur la mort, c'était chaque fois comme un « coup de poignard dans le cœur[5] ».

Et c'est peut-être cette dimension bien précise du langage que l'on rencontre aux frontières du sommeil. On s'est toujours plus intéressé, pour l'apaisement du coucher, aux peluches, doudous et autres morceaux chéris de tissu, mais les mots ici sont au moins aussi importants. La psychologue Ruth Weir a réalisé une étude pionnière en 1962 en plaçant un magnétophone à côté du lit de son fils de 2 ans et demi, Anthony. Ce « discours de berceau[6] » était étonnant à maints égards : il était ponctué de verbes à l'impératif, comme si Anthony parlait à quelqu'un d'autre et en même temps se réappropriait les ordres et les instructions qu'on lui avait adressés pendant la journée. Weir expliquait que ces monologues apparents étaient en fait des dialogues, comme si Anthony parlait tout le temps à lui-même ainsi qu'à sa peluche Bobo, sans importance pour lui le reste du temps.

Anthony était en train d'intérioriser la parole, en trouvant de nouveaux usages aux bribes de langage dont il n'avait été jusqu'alors que le destinataire. De simple récepteur il arrivait à devenir, grâce à ce discours de berceau, l'auteur de véritables dialogues : autrement dit, à transmettre cette fonction de destinataire. N'est-ce pas précisément ce qu'il doit se passer pour que nous accédions au sommeil nocturne ? Tandis que nous restons allongés, encore éveillés, tellement désireux de dormir mais incapables d'éteindre le flux des pensées, c'est peut-être surtout cette dimension du langage qui nous assaille : impossible d'éteindre en nous cette fonction du destinataire, de qui est interpellé, appelé, parfois sommé.

Quand Freud disait que nous dormons parce que nous ne pouvons pas supporter « sans interruption[7] » le monde extérieur, on peut l'entendre dans le sens de cette interpellation ininterrompue, qu'aucun interrupteur ne permet d'éteindre. L'objet de nos pensées compte aussi bien sûr – l'altercation qu'on a eue au bureau, la tâche qu'on n'a pas réussi à accomplir, l'email qu'on n'a pas envoyé, la santé d'un être aimé –, mais c'est avant tout l'emprise sur nous de ces pensées que l'on n'arrive pas à défaire. Et les téléphones, les tablettes et les ordinateurs portables qui nous attendent au pied du lit ne font que matérialiser, qu'accentuer cette interpellation constante. Ce qui nous ramène à la question de savoir pourquoi les lectures du soir ont tant d'effet sur nous.

Leur grande vertu, comme le soulignait le philosophe hollandais Jan Linschoten, est de n'appeler de notre part aucune réponse[8]. Une histoire ne nous demande rien, sauf de l'écouter, et c'est ce qui la distingue de toutes les autres expériences de langage que nous faisons au jour le jour. Alors qu'il nous faut constamment répondre, réagir, obéir, cette fois il s'agit d'autre chose. Loin des instructions et des ordres reçus de ceux qui s'occupent de nous dans la première enfance, loin des emails, des messages et des conseils reçus ensuite jour après jour pendant le reste de nos vies, voilà un lieu où, pour une fois, nous n'avons pas à prendre position. Comme si l'on éteignait la fonction de destinataire, ou au moins la suspendait provisoirement.

Un autre étrange phénomène nocturne fait écho à cette fonction des histoires du soir. Si l'on se trouve réveillé subitement pendant la phase d'endormissement, on garde parfois une impression extraordinairement vive d'un mot ou d'une phrase bizarrement tournés. Un spécialiste du sommeil s'est ainsi réveillé sur cette formule digne de Joyce : « ou des escoubilles de médication m'ont permis de me désassembler ». Un autre sur ce titre croustillant : « géométrie analytique en trois dimensions ». Des inventions qui ont souvent un air de poésie : « la guerre se tient en marques rouges » ou « je pense comme l'eau brille dans le saphir » ont un sens peu clair mais une certaine richesse sémantique. C'est une grammaire touffue, disjonctive, pas toujours respectée : « et trouve que tout pour syphilis immédiatement est » ou encore « on les verbalement soumet à des interlections ».

Les études ne manquent pas qui ont rapporté à la lettre puis analysé ce genre de souvenirs verbaux, lesquels ont en commun de laisser à celui qui les a l'impression d'une grande puissance de l'image ou de la phrase, la certitude de leur importance. Si mystérieuse qu'elle paraisse, on sent que la formule porte un lourd poids de sens. Les mots elliptiques, l'image furtive nous interpellent vivement, comme des vecteurs de signification. Ces phénomènes hypnagogiques nous semblent intensément signifiants, même quand on n'en comprend pas du tout le sens, un peu comme la solution d'une énigme ou d'une charade qu'on aurait oubliées.

Relier ces curieuses expériences avec le processus lui-même d'endormissement permet de mieux les comprendre. S'il est vrai que le sommeil requiert la mise à distance de la dimension interpellative du langage, de cette façon qu'ont les mots et les idées de nous saisir, alors les expériences hypnagogiques en question sont peut-être comme son ultime poste de contrôle avant le sommeil. Elles servent de transition entre l'interpellation et sa fin, entre notre statut de destinataire et son absence. Et c'est sans doute pourquoi elles nous réveillent parfois, comme un dernier appel, les gens se réveillant fréquemment en entendant leur nom – degré zéro de l'interpellation.

Pourtant, comme le montrent les recherches sur l'hypnagogie[9], le plus souvent, quand au lieu de se réveiller tout seul, on est réveillé artificiellement par quelqu'un d'autre, les mots qu'on récupère en ouvrant les yeux ne s'adressent à personne en particulier[10]. En ce sens, a-t-on pu dire, si le rêve est une « aventure », l'image hypnagogique serait un « spectacle[11] », qui n'exige du dormeur aucun engagement actif. Mais cette dualité interne du phénomène hypnagogique, en deçà et au-delà de l'interpellation, n'est-elle pas ici le point essentiel ? On a *ou bien* ce réveil nous laissant des mots et des images qui nous semblent si importants, *ou bien* l'impression de ne plus y être, à distance déjà de toute sollicitation. Une fois dépassé le dernier poste de contrôle de l'interpellation, il sera plus facile de dormir, sans la sommation du langage. Quand Freud disait que pour dormir il ne faut pas supprimer les stimuli mais modifier notre relation avec eux, on peut l'interpréter comme rupture avec cette fonction d'interpellation, ce rôle de sommation du langage.

Ce qui peut nous aider à comprendre les trois processus d'endormissement, de sommeil puis de réveil. Quand on s'endort, cette dimension interpellative se trouve affaiblie ou, plus exactement, prise en charge, comme on le voit avec le discours de berceau ou les histoires du soir. Quand on dort, c'est qu'on a réussi à se soustraire à la fonction interpellative et, quand on se réveille, c'est elle qui nous appelle. De fait, pendant qu'ils se réveillent les gens s'adressent souvent à eux-mêmes – « lève-toi ! » – sur le mode impératif d'une interpellation, ou se parlent de façon un peu autoritaire, choses beaucoup plus rares au moment d'essayer de s'endormir ; il est d'ailleurs intéressant de noter que l'électroencéphalogramme d'une personne qui s'assoupit présente une plus grande sensibilité au son. Les approches psychanalytiques du sommeil ont toujours eu tendance à se concentrer sur le moi, sur la façon dont il se décomposerait puis se recomposerait du sommeil au réveil, mais en mettant l'accent sur le langage, c'est une nouvelle perspective qui s'offre à nous.

Elle peut notamment éclairer certaines formes d'insomnie, dans lesquelles on se trouve incapable d'accomplir cette rupture avec nos pensées. Nous n'arrivons pas à relâcher notre attention, si bien que ces pensées continuent d'exercer sur nous leur force d'interpellation. Ainsi que l'écrivait Coleridge : à l'instant où ma tête touche mon oreiller, « mes pensées deviennent leurs propres maîtres ». Libres d'errer en nous, elles peuvent nous empêcher de nous endormir ou, parfois, nous réveiller soudain. Pourtant, ce ne sont avec pas les pensées ou les images elles-mêmes que nous n'arrivons pas à rompre mais plutôt, en un sens, avec leur force d'interpellation. Le sommeil exige qu'on ne s'adresse plus à nous, que les pensées cessent de *nous* parler.

11

Apprendre à dormir

Si se concentrer pour dormir empêche de dormir, une autre forme de concentration pourrait-elle y aider, peut-être y encourager ? Le sociologue du sommeil Simon Williams rapporte une remarque de Maurice Merleau-Ponty, qui pose des questions cruciales concernant l'insomnie : « Comme les fidèles, dans les mystères dionysiaques, invoquent le dieu en mimant les scènes de sa vie, j'appelle la visitation du sommeil en imitant le souffle du dormeur et sa posture. [...] Il y a un moment où le sommeil "vient", il se pose sur cette imitation de lui-même que je lui proposais, je réussis à devenir ce que je feignais d'être[1]. » Nous dormons, donc, en nous identifiant à un dormeur, comme si imiter ce qu'on imagine qu'il fait était ce qui nous permet de devenir comme lui. Ainsi que le formule un patient, en racontant son rituel du coucher : « Tu dois faire semblant de dormir pour arriver à dormir. »

Quel curieux phénomène ! Adopter le langage du corps d'une personne au volant ne suffit pas à conduire, ni mimer les gestes externes des autres, à accomplir des activités de tous les jours, alors pourquoi serions-nous incités à dormir par un processus d'imitation ? Les gens qui se plaignent d'insomnies veulent souvent dormir aussi longtemps que quelqu'un d'autre, comme l'a confirmé la recherche sur le sommeil. Merleau-Ponty tient quelque chose, ici : quand on se prépare à dormir on fait comme si on dormait déjà, et fondamentalement, cette attitude requiert de s'identifier avec un dormeur – autrement dit, avec quelqu'un d'autre. Je pense que l'accent est à mettre alors sur une identification moins avec nous-même en train de dormir qu'avec un tiers. Pour dormir, nous avons besoin de devenir comme quelqu'un d'autre qui dort.

Si surprenant que ça en ait l'air, n'y a-t-il pas un rapport avec notre toute première situation dans la vie ? Pour qu'un nourrisson s'endorme, la proximité avec le corps de la mère[2] et la synchronisation sur son rythme respiratoire peuvent être essentielles. À mesure que ralentissent le cœur et le souffle de la mère, ceux du bébé suivent. Déjà *in utero* le rythme respiratoire du fœtus s'accélère quand la mère est active et ralentit quand elle dort. Et de fait, beaucoup d'adultes essaient de ralentir leur respiration pour se préparer à dormir, comme s'ils synchronisaient les rythmes de leur corps sur ceux d'un compagnon, virtuel ou réel. Pour produire cet effet, les médecins des années 1940 n'hésitaient pas à introduire dans les oreilles d'un patient insomniaque les écouteurs d'un stéthoscope et à en placer le pavillon sur leur propre cœur. En sens inverse, les troubles du sommeil chez la mère ont souvent un impact direct sur ceux de l'enfant, qui peut durer jusqu'à l'âge adulte.

Quand on parle de l'adaptation du bébé pendant ses premières semaines aux rythmes du jour et de la nuit[3], et de son apprentissage du sommeil, ne parle-t-on pas en fait de son adaptation aux rythmes du jour et de la nuit de sa mère, de son adaptation à la façon qu'elle a elle-même de s'y adapter ? Il y a réciprocité entre les changements dans les habitudes de sommeil de la mère et dans celles du bébé, comme l'atteste la fameuse modification observable au bout de trois mois, quand il lui devient possible de dormir de minuit à 5 heures du matin environ. Les variations saisonnières de lumière et de température ont peu d'impact sur cette phase d'ajustement, et le sommeil du bébé se fait désormais plus solide. Pendant cette période, beaucoup se réveilleront plusieurs fois dans la nuit mais pour se rendormir presque aussitôt, sans que la plupart des parents puissent même savoir qu'ils n'ont pas dormi d'une traite[4].

Dans l'une de ses premières études, Kleitman suggérait que le sommeil était une construction, expliquant que ces changements entre l'âge de 10 et 14 semaines constituaient pour le nourrisson « l'une des toutes premières performances acquises » en le faisant passer d'une « veille par nécessité » à une « veille par choix ». À partir de cette période, il note que l'état de veille est plus prononcé pendant que les parents prennent leur repas, comme si le bébé se montrait curieux de ce qu'ils sont en train de faire. C'est la phase pendant laquelle le temps de sommeil diurne diminue et le temps de sommeil nocturne augmente, avec moins de biberons la nuit. Jusqu'à l'âge de 6 ou 7 mois, la durée moyenne de sommeil nocturne va se montrer assez stable.

Il y a donc un changement dans la répartition du sommeil et de nouvelles habitudes alimentaires, les horaires d'alimentation irréguliers antérieurs du jour comme de la nuit laissant la place à des horaires plus réguliers ajustés au cycle jour-nuit. Kleitman observe qu'un « processus d'acculturation[5] » est en jeu ici, et que le cycle initial serré de repos et d'activité, par périodes d'une heure environ, se trouve alors « modifié, déformé et en partie aboli » par l'effet d'un ajustement à la routine de vie diurne. Il faut noter que les mères de Kleitman pratiquaient surtout avec leur bébé l'alimentation à la demande, alors que quelques décennies plus tôt l'usage était de laisser les bébés hurler la nuit sans les nourrir, en espérant qu'il s'ensuivrait une socialisation précoce.

Les études ultérieures ont démontré elles aussi que l'ajustement du rythme de sommeil au cycle jour-nuit était lié aux interactions avec les proches[6]. Le chercheur Theodor Hellbrügge a pu montrer, par une série d'études minutieuses, comment la périodicité circadienne se construit à partir de cycles beaucoup plus courts, dans lesquels les premiers indicateurs externes (les *Zeitgebers* évoqués plus haut) sont le toucher maternel et la stimulation des membranes muqueuses[7]. La lumière et l'obscurité jouent un moindre rôle, alors que la parole et les regards des adultes ont une grande place dans cette séquence d'installation des rythmes du corps.

La dimension relationnelle est capitale, donc, et le cycle de veille et de sommeil de la mère lui permettra de s'adapter à ce qu'elle perçoit comme le cycle de son bébé. Ses propres habitudes en matière d'activités quotidiennes et de réactions émotionnelles auront leur influence, même chez une mère qui pratique l'alimentation à la demande. Sa façon de répondre à son enfant en sera affectée, et lui-même va se faire à ce mode de réponse, à sa vitesse de réaction, à ses absences, à l'intérêt qu'elle montre ou non pour ses mouvements et à toutes les subtilités de l'attitude parentale. Comme le souligne le psychanalyste Sanford Gifford, le bébé se montre très sensible à la façon qu'a sa mère d'exprimer son propre désir de dormir ou de rester éveillée, et l'évolution de son rythme de sommeil se fera dès lors pour une part en fonction de sa relation avec elle[8].

La grande question est de savoir pourquoi ces habitudes de sommeil semblent se stabiliser vers l'âge de 3 mois, en même temps qu'émergent le sommeil profond à ondes lentes et la phase NREM après l'endormissement. La corrélation paraît évidente avec l'évolution dans cette période de la relation de la mère et de l'enfant, entre lesquels la variété et la nature des interactions ont été largement étudiées. On a pu établir des différences nettes entre les bébés qui stabilisent leur temps de sommeil à l'âge de 3 mois et ceux qui ne le font pas. Les chercheurs ont d'abord relié cette différence à celle du nombre de tétées, mais sans conclusion probante[9]. Puis, quand ils ont analysé non pas l'occurrence alimentaire elle-même mais ce qui l'entoure, ils ont obtenu enfin des résultats : ce qui séparait les bébés dont le temps de sommeil était stabilisé vers l'âge de 3 mois et ceux pour qui ce n'était pas le cas n'était autre que le temps passé à jouer et interagir avec l'enfant au moment de le nourrir. Plus la mère et l'enfant faisaient de choses ensemble, plus le sommeil se stabilisait.

Trois mois, c'est aussi l'âge auquel la plupart des études situent l'acquisition par l'enfant de l'aptitude à anticiper et à différer, qui fait écho aux interactions alimentaires[10].

Autrement dit, puisque le bébé peut anticiper, l'urgence de sa faim n'est plus insurmontable : il sait que la nourriture viendra – et, avec elle, l'interaction dont elle sera l'occasion. C'est pourquoi le nombre de tétées nocturnes diminue, l'enfant comprenant que sa mère ne va pas disparaître pour toujours après avoir quitté la chambre. Les études qui abordent cette transition sous d'autres angles insistent toutes sur cette capacité d'anticipation, qui suppose d'avoir pu symboliser les absences de la mère et intégrer le fait qu'elle sera de retour.

Tout cela n'est jamais donné : certains enfants n'arrivent pas à interpréter les absences maternelles autrement que comme des actes de trahison ou des abîmes sans fond. À son retour, ils ne réagiront pas, regardant en l'air ou se balançant mécaniquement dans leur transat. Et plus tard dans la vie il suffira qu'un ami ou un partenaire amoureux soit absent pour que l'individu en ressente une indicible cruauté, et y réagisse aussitôt par le retrait ou la riposte. Il faut qu'une opération ait lieu pour aboutir à symboliser les allées et venues de la mère, à leur donner du sens, et pour qu'alors d'autres séparations deviennent supportables. Tout cela pourrait bien être lié à la stabilisation du sommeil vers l'âge de 3 mois, pour laquelle les différences individuelles renverraient à des variations dans le processus de symbolisation. Et si c'est le cas, d'autres questions se posent : certaines formes d'insomnie en sont-elles la conséquence ? Que devient le sommeil de quelqu'un qui n'est jamais assuré que sa mère va revenir ? Et si elle peut nous abandonner, que sommes-nous en réalité pour elle ? Quelle valeur avons-nous ?

Les variations sont importantes d'un enfant à l'autre, mais il reste que la structure du sommeil change considérablement pendant les six premiers mois de la vie. René Spitz pensait que le véritable sommeil ne commence qu'après l'âge de 3 mois[11], et Aserinsky lui-même estimait que le sommeil n'est pas donné à la naissance. Il jugeait peu probable que les bébés montrent des phases de sommeil REM avant 3 mois, dans la mesure où leur mouvement oculaire diffère sensiblement de ceux des enfants plus âgés et des adultes, et où il faudrait arriver à extraire les états de veille ou de sommeil proprement dits du mélange déroutant de quiétude et d'agitation qui est le propre du nourrisson – chez qui des phases semblables à la phase REM ont l'air de se produire quand il a les yeux ouverts aussi bien que fermés ou bien quand il tète, râle ou crie[12].

Ce sont ces états hybrides qui disparaissent peu à peu au fil des trois premiers mois de vie, avant que l'enfant ne se mette à entamer chaque sommeil par une phase NREM. Les états de demi-sommeil et de demi-veille vont se dissiper, et le sommeil s'organiser en unités de temps plus longues, synchronisées sur le cycle du jour et de la nuit et sur les horaires alimentaires. Le lien entre dormir et manger a beau sembler évident, il n'est presque jamais fait dans la recherche contemporaine sur le sommeil. Un rapport de l'Organisation mondiale de la santé sur le sommeil explique bien que « l'essentiel du cycle circadien de sommeil et de veille a l'air de suivre le cycle alimentaire[13] », mais personne n'en tire de conséquences. Au contraire, dans les revues et ouvrages de pédiatrie des années 1950-1960, les troubles précoces du sommeil sont presque toujours synonymes de problèmes de nutrition[14]. Le bébé n'arrive pas à stabiliser son cycle de sommeil, y explique-t-on, parce qu'il n'est pas nourri, ou trop nourri, ou nourri au mauvais moment, à moins qu'il soit nourri de force ou, à l'inverse, pas assez nourri.

Il est frappant de voir à quel point un cas après l'autre d'insomnie infantile se révèle chaque fois être un cas d'obstruction orale. Difficile d'expliquer qu'autant de rapports sur les troubles du sommeil dans les trois premiers mois soient publiés aujourd'hui compte tenu de la pléthore d'information disponible désormais sur les habitudes alimentaires du bébé – mais ils confirment, en tout cas, que dormir et manger sont bien indissociables. Les parents d'aujourd'hui suivent souvent aveuglément les horaires d'alimentation préétablis ou les consignes qu'on leur donne, par exemple de ne pas nourrir un bébé qui se réveille en hurlant en pleine nuit, et une bonne part du travail des pédiatres est de lutter contre les « bons conseils » reçus des médecins de famille, des proches ou des « spécialistes » pullulant dans les médias. Encore une fois, rien de tel pour améliorer le sommeil que de se méfier de tout ce qu'on nous raconte sur le sommeil.

René Spitz expliquait que le véritable sommeil commence lorsque le nourrisson est capable d'imaginer sa faim assouvie, sur un mode hallucinatoire, dans une forme rudimentaire de rêve. La chose peut sembler étrange, mais les premiers chercheurs sur le sommeil étaient nombreux à penser que le rêve était une sorte d'expérience orale, hypothèse qui semblait être corroborée par la périodicité du sommeil. À voir un bébé suçoter ou mâchouiller quelque chose les yeux fermés, on peut penser qu'il est en train de s'imaginer manger, puis sauter le pas logique et faire le lien avec les rêves. On peut faire ce qu'on veut de ces observations, mais il reste que toute analyse de ce qui nous permet ou nous empêche de dormir doit tenir compte de l'activité nocturne omniprésente de la bouche et de la mâchoire, moyennant au moins deux approches possibles. Selon la première, le bébé dans son sommeil est en train d'halluciner une satisfaction orale, c'est pourquoi sa bouche est tellement occupée. Certains chercheurs prétendent que le rêve peut même inhiber la physiologie de la faim, et donc, littéralement, prendre la place de la tétée.

Dans une étude antérieure, Aserinsky et Kleitman avaient connecté les phases REM de sommeil et les intervalles entre tétées, et remarqué que les bébés se réveillaient pour être nourris le plus souvent au moment exact où une phase REM allait commencer. Au début ils demandaient le sein en pleurant à peu près toutes les heures, puis au fil des mois, à des intervalles qui étaient des multiples des heures. Mais les bébés ne dormaient pas sagement entre les tétées, ils alternaient entre des moments de repos et d'activité. Un tel cycle, a-t-on prétendu, persiste peut-être toute la vie, sauf qu'au lieu de dormir vingt minutes par heure environ on passe à un cycle d'à peu près vingt-quatre heures du fait de la lumière, du bruit et des obligations sociales, et l'intervalle initial de soixante minutes devient plutôt quatre-vingt-dix. En somme, même si on peut désormais dormir d'une traite pendant huit heures, le vieux cycle est toujours là, lisible à même les phases REM régulières du sommeil.

Kleitman a vu dans ces résultats – et ceux d'études

ultérieures – la preuve qu'un cycle biologique premier de repos et d'activité jouait le rôle principal, et que dans une certaine mesure la faim et la demande de tétée étaient secondaires. La périodicité venait en premier, l'oralité ensuite. On confond souvent avec le rythme circadien ce cycle de soixante et plus tard quatre-vingt-dix minutes, censé fonctionner de nuit comme de jour, culminer puis retomber, et affecter notre vigilance aussi bien que notre propension à nous assoupir. Aujourd'hui certains spécialistes du sommeil affirment qu'il est plus important d'achever ces cycles que de dormir telle ou telle durée, et que l'on tend à se réveiller de toute façon à des horaires qui sont des multiples de ces phases de quatre-vingt-dix minutes[15].

D'autres chercheurs, eux, jugaient ce cycle symptomatique des contractions de la faim, et le psychiatre Roy Whitman a pu corréler le nombre de périodes de rêve – supposées correspondre aux phases de sommeil REM – avec le nombre de tétées, de telle sorte que la baisse du nombre de tétées nocturnes explique la hausse du nombre d'heures moyen de sommeil par nuit[16]. De même que la tétée a lieu à intervalles à peu près réguliers de jour comme de nuit, des phases REM distinctes apparaissent dans la structure du sommeil, et Whitman explique qu'elles apporteraient chaque fois juste assez de satisfaction orale pour permettre au bébé de revenir à un sommeil plus profond.

Selon Whitman, le désir oral serait donc satisfait pendant les phases REM, et le rêve aurait dès lors pour fonction de protéger le sommeil. On a estimé que les mouvements de succion et l'activité de la mâchoire pendant le sommeil corroboraient cette hypothèse, tout comme le ferait l'idée bien connue de

William Dement selon laquelle le manque de rêve augmenterait l'appétit au réveil. Les chercheurs ont noté aussi les mouvements oculaires importants du bébé en pleine tétée, alors que son corps est relativement tranquille, et rappelé que les enfants plus âgés comme les adultes expliquent souvent leur refus de dormir par une peur de manquer quelque chose. Même s'ils n'étaient pas capables de dire concrètement ce qu'est ce quelque chose, on y a vu une association très claire chez eux entre le sommeil et la privation. Ce que semblait confirmer le modèle oral : le dormeur risquait vraiment de manquer quelque chose – son prochain repas.

En une expérience passablement ridicule, des chercheurs ont tenté d'étudier le rapport entre rêver et manger en substituant effectivement l'un à l'autre. Le sujet ayant affirmé sa prédilection pour le cake à la banane[17], l'épouse d'un des laborantins en a docilement cuisiné un, fraîchement sorti du four. Ils l'ont réveillé après le début de la première phase REM et lui en ont donné une tranche. Il l'a dévorée avec appétit, ajoutant : « Super-façon de faire de la recherche ! » Une heure plus tard on le réveille de nouveau, au début de la phase REM suivante, et on lui donne une deuxième tranche, dont il se délecte de nouveau. Après trois réveils similaires de plus, il raconte le rêve suivant : « Je buvais un café et fumais une cigarette. » Il a mangé la tranche suivante avec moins d'enthousiasme, et rapporté un cinquième morceau de rêve : « On me donnait des spaghettis, mais je vidais l'assiette dans la poubelle jusqu'à la dernière. » Il a accueilli la tranche de cake suivante avec une certaine réticence, et fait un sixième rêve : « Docteur Dement, j'ai rêvé que je vous nourrissais, *vous*, de cake à la banane. » Les chercheurs étaient partis en quête d'un désir oral : tout ce qu'ils ont trouvé, c'était une revanche.

Ce qui nous amène à la seconde approche du rêve et de l'oralité. Le dernier rêve de l'homme au cake à la banane est très clairement une façon de réagir à son traitement, de renverser la relation entre le sujet et l'expérimentateur. Il retourne la demande qu'on lui fait de manger et la renvoie à celui qui nourrit. Dans nos toutes premières interactions, ce que nous recevons – du lait, de la nourriture, etc. – ne compte pas seulement comme apport biologique, mais aussi comme signe d'amour. Ces éléments ont une valeur nutritionnelle, mais sont aussi des symboles de la relation avec ceux qui s'occupent de nous, de ce que ces derniers peuvent nous accorder ou nous refuser. Le problème, c'est qu'une fois devenus des signes, ils ne peuvent plus nous nourrir complètement. Leur simple présence porte avec elle la possibilité de leur absence. En tant que vecteurs de cette dimension symbolique, ils introduisent un manque au cœur de nos transactions nutritionnelles.

Le sein et le biberon sont toujours davantage des signes que de simples objets de satisfaction, et c'est bien pour cette raison que les bébés et les enfants les repoussent si souvent. La frustration, comme l'expliquait Lacan[18], est le refus de ce don, lui-même symbole à la fois de l'amour et de son retrait, si bien qu'on s'endort non parce qu'on serait satisfait, comme le suggérait Freud, mais à cause de la déception inhérente à la dimension symbolique elle-même. En tant que signe, ce que l'on reçoit n'est jamais vraiment assez, et dans plusieurs cultures la trace de cette insatisfaction est inscrite dans le petit rituel de la boisson ou de la collation au moment du coucher, le petit quelque chose proposé au moment de la transition entre veille et sommeil. On le comprend maintenant : c'est pour compenser cet échec du côté du symbolique qu'apparaissent ces réflexes répandus de succion et de serrage ou de grincement de dents, repérés dans les phases REM de sommeil.

Ernest Hartmann pointait aussi cette dimension symbolique dans son étude sur le somnifère. Ainsi qu'il le notait, « les gens ne prennent pas de somnifères seulement parce qu'ils ont des insomnies, mais parce qu'ils demandent des somnifères et que quelqu'un les leur fournit[19] ». Prendre un somnifère constitue une interaction, l'équivalent d'obtenir l'autorisation d'une figure parentale qui dirait « c'est bon, vous pouvez aller dormir », un peu de la même manière qu'une femme qui se croyait stérile peut parfois tomber enceinte juste après avoir obtenu le feu vert de l'agence d'adoption. Le somnifère fonctionne aussi comme un objet transitionnel ou un accessoire sécurisant, le signe que, d'une certaine façon, le docteur ou l'allié est là, présent. « Quelqu'un va me donner quelque chose pour me montrer son amour, me montrer que je vaux quelque chose. » Le somnifère devient alors « un cadeau, un témoignage d'amour », de même qu'il peut être un transfert de puissance, une manière d'imprégnation orale ou, aussi bien, un suicide à petit feu.

On sait tous que nous vivons aujourd'hui dans une société de prescriptions médicales à tout-va, mais je n'en suis pas moins sidéré par le nombre de personnes de 20 ou 30 ans que je rencontre qui ont déjà une dépendance à l'égard des somnifères. Ils peuvent les acheter en ligne ou aller d'un médecin privé à l'autre jusqu'à ce qu'ils trouvent ce qu'ils veulent, et des généralistes peuvent aussi cautionner ces pratiques, voire prescrire des antidépresseurs pour aider des patients à dormir. On médicamente ainsi par des ordonnances répétées ce qui n'était au départ, manifestement, que des troubles transitoires du sommeil liés à des angoisses de circonstance. Le peintre Francis Bacon a pris des somnifères tous les soirs pendant plus de quarante ans, et quand j'ai demandé à l'un des médecins qui les lui avaient prescrits pourquoi il en avait besoin, il m'a répondu qu'il ne le lui avait jamais demandé. Il est sans doute plus facile d'aborder les insomnies comme des faits bruts qu'il n'est pas nécessaire de déplier, pour s'éviter d'en savoir trop.

C'est particulièrement préoccupant chez les jeunes, qui peut-être ne seront jamais sevrés de ces comprimés dont même les hygiénistes du sommeil les moins scrupuleux reconnaissent qu'ils sont dangereux. L'idée d'être à court peut inspirer la panique, la certitude que sans eux on ne pourra jamais dormir. Le comprimé, comme le notait Hartmann, peut prendre la place d'un objet transitionnel, il devient la condition pour aller se coucher. Et dans l'exigence d'en avoir toujours avec soi, on entend l'écho d'une peur de la première enfance, la peur que nous abandonnent ceux qui s'occupaient de nous, qu'ils ne soient pas présents – le comprimé peut être là pour les remplacer, il n'en reste pas moins qu'il n'est pas eux… Certains n'en avalent jamais, mais ne sauraient envisager le sommeil sans savoir qu'ils sont à portée de main. L'idée d'être sans eux est la porte d'entrée de l'angoisse, et leur prescription répétée est un soulagement : on nous donne ce qu'il nous faut.

Cette dynamique du don et de la demande, de l'exigence et de la prescription montre clairement qu'on est dans un espace délimité par les processus relationnels et sociaux. On donne le sein ou le biberon à un nouveau-né comme s'il s'agissait d'une réaction automatique ; mais, très vite, le côté symbolique de ces transactions apparaît au grand jour. On interprète les pleurs du bébé, après tout, comme une façon de demander à manger, à changer de couche ou à avoir de la compagnie, et quelle qu'en soit la motivation, cette demande changera en fonction du sens apporté à la réponse qu'elle aura reçue. Les pleurs du bébé appelant sa mère pourraient même être comparés à ce que certains appellent la « Demande », ce moment clé où les bénévoles associatifs et leurs chargés des levées de fonds prennent le risque de faire capoter une relation patiemment établie avec une entreprise ou un riche particulier en leur demandant enfin une contribution. Cette demande est tellement importante et tellement délicate qu'il existe des conseils et des formations spécifiques pour apprendre à la formuler – ce qui semble nous éloigner beaucoup de la demande enfantine, qu'on imagine plus simple car d'origine biologique.

Ce rapport entre la nourriture, la demande et le sommeil n'est peut-être jamais aussi clair qu'au moment des allers-retours nocturnes jusqu'au réfrigérateur, tels que les racontent tant d'insomniaques ou de dormeurs réveillés en pleine nuit. Leur nuit est ponctuée d'appels à se nourrir, qui vont déboucher sur un retour vers le sommeil ou bien sur la culpabilité exacerbée d'avoir trop mangé. D'autant que beaucoup de gens, quand ils sont allongés dans leur lit sans arriver à dormir, passent en revue précisément ce qu'ils ont mangé et bu dans la journée ou ce qu'ils comptent manger et boire le lendemain. Ces petits creux de milieu de nuit compliquent encore l'affaire, laissant dans l'incertitude sur sa propre position : est-on plus près de ce qu'on a ingéré hier ou de ce qu'on va ingérer demain ?

Rappelons-nous le cas déjà évoqué de cette jeune femme qui se réservait un temps nocturne bien à elle, dont aucun de ses colocataires n'avait connaissance, se réveillant vers 3 heures du matin, puis se recouchant vers 5 heures. Quand elle me parlait de ces moments secrets, elle avait mentionné à plusieurs reprises le désir « avide » qu'elle avait d'eux, et ce n'est peut-être pas un hasard si plus tard, quand elle a cherché de l'aide auprès d'un thérapeute, c'était pour traiter sa boulimie, qui avait fini par prendre toute la place de ces réveils secrets. Se nourrir compulsivement et se réserver une tranche de temps nocturne était analogue.

Une analogie dont témoigne cette drôle de croyance assez répandue : le fait que les requins ne dormiraient jamais puisqu'ils mangent constamment. Il est vrai que certains mammifères marins ont un sommeil unihémisphérique, une moitié du cerveau dormant pendant que l'autre moitié reste éveillée – du moins si l'on en croit les électroencéphalogrammes –, c'est-à-dire qu'ils continuent de nager malgré un œil fermé et une nageoire inactive. Mais ce n'est pas exactement comme manger.

C'est une de ces images que les gens retiennent parce qu'elle doit toucher en nous à quelque chose : peut-être à l'idée que le sommeil n'est autre que ce qui a lieu entre les repas, que dormir signifie juste *ne pas* manger et renvoie dès lors à une certaine privation. Il ne faut pas s'étonner, en ce sens, que les notions de manque et de privation prolifèrent si facilement autour de la question du sommeil : est-ce que j'ai assez dormi ? Ai-je dormi le bon nombre d'heures ? Quelque chose m'empêche-t-il de dormir ? Pourquoi me vole-t-on mon sommeil ?

Voilà précisément le genre de pensées qu'on imagine traverser l'esprit d'un bébé quand il s'agit du sein ou du biberon : en ai-je eu assez ? Pourquoi limite-t-on mon alimentation ? Ne me volerait-on pas de la nourriture ? Promouvoir une norme officielle – huit heures par nuit – sert surtout alors à exacerber ces peurs, en jouant sur l'équivalence inconsciente de la nourriture – ou plutôt, de son absence – et du sommeil. On comprend aussi qu'aient été si longtemps populaires les antiques théories médicales du sommeil, selon lesquelles la nuit on dormait car une moindre quantité de sang venait alimenter un cerveau trop gourmand, vu comme une sorte de bouche cérébrale insatiable.

Ce lien entre sommeil et privation apparaît plus clairement encore dans l'idée, presque aussi répandue, qu'on n'arrivera pas à dormir si on n'a pas eu d'abord un orgasme. Le sommeil est associé au sexe – ici, en négatif : l'image habituelle est celle de l'homme qui s'endort aussitôt et de la femme qui aurait bien prolongé l'intimité en discutant un peu. On interprète cet assoupissement masculin comme un retrait de type traumatique, pour se défaire à la fois de l'intimité possible et du choc de la détumescence ; mais le sommeil et la jouissance sont liés en général beaucoup plus tôt dans la vie à travers les pratiques masturbatoires de l'enfance et de l'adolescence. Dormir ne sera possible, pensent beaucoup de gens, que s'ils ont réussi à jouir, et si pour une raison ou une autre ce n'est pas possible, le sommeil reste hors d'atteinte, il est cassé ou écourté, accompagné de la sensation très nette que quelque chose n'a pas été donné. L'insomnie est la sanction de la frustration.

Comme dans le cas de la nourriture, l'essentiel est le sens conditionnel : il faut que quelque chose se passe *pour que* le sommeil soit possible. Que la chose soit orale ou génitale, elle démontre à quel point est tenace en nous le sentiment qu'on y a droit. Quelque chose doit nous être donné pour autoriser le sommeil, et seule une puissance extérieure pourra nous accorder cette chose. Le sommeil en ce sens est profondément relationnel, fait de nos liens archaïques avec les autres.

Voilà deux théories, donc, qui associent le rêve aussi bien que la phase REM de sommeil à l'oralité, mais de deux façons distinctes. La première fait du rêve ce qui vient remplacer un objet qui n'est pas là : le sein de la mère. On rêve au lieu de se nourrir, le prototype du rêve étant ici d'halluciner une satisfaction orale. La seconde théorie associe le rêve non à une absence réelle mais à une transformation, au fait que le sein est devenu un objet symbolique. On ne rêve pas *à la place* de se nourrir mais *parce qu'*on se nourrit. De par sa dimension symbolique, se nourrir n'est jamais vraiment se nourrir, mais toujours quelque chose de plus – ou de moins.

Chacune de ces hypothèses est éclairante à sa façon. Il n'est pas si facile de corréler chez le bébé le nombre de tétées et les phases REM ; mais l'idée qu'elles ont un rapport n'en est pas moins pertinente, d'autant plus que l'état de quasi-phase REM propre aux premières semaines de vie va évoluer ensuite vers des périodes de veille et de sommeil plus nettement séparées. Le neurobiologiste Ronald Harper et son équipe de l'université de Californie ont pu montrer, effectivement, qu'il y avait beaucoup plus de chances, chez le nouveau-né, que des quasi-phases REM suivent des réveils avec tétée que des réveils sans tétée, établissant un lien supplémentaire entre le cycle de sommeil et la nutrition[20].

Cette phase REM s'interrompt d'un coup une vingtaine de minutes après la fin de la tétée, ce qui suggère que la nutrition enclencherait le cycle des phases REM et des phases tranquilles dans le sommeil du bébé. « Cet enclenchement, concluent les chercheurs, indique que la mère, en régulant le temps de nutrition, module sans doute aussi, indirectement, le cycle de sommeil de son enfant. » La même connexion est présente dès les premières recherches de Kleitman et Aserinsky, inaugurant une piste de recherche qui sera pourtant abandonnée progressivement par leur équipe et leurs successeurs. Quant à la dimension symbolique des échanges avec la mère, elle est incontestable, même s'il n'est pas certain que ce soit une cause du sommeil. Dort-on chaque fois pour éviter une déception ?

Ces deux perspectives ont en commun, en tout cas, le postulat que le sommeil se construit à l'endroit d'un manque ou d'une absence – quelle que soit ici l'hypothèse théorique –, et que c'est donc l'expérience du désir qui le sous-tend. En témoigne, en matière de sommeil, l'omniprésence surprenante des expériences menées autour de la « privation » – de phase REM, de phase NREM, de nourriture, d'eau, de lumière, d'obscurité, de confort, etc. –, comme si le domaine du sommeil était implicitement délimité par l'idée que quelque chose manque ou se trouve même, effectivement, refusé, dénié. Tant et si bien que, pour connaître la vérité sur le sommeil, on doit priver le dormeur, d'une manière ou d'une autre. L'hypothèse de l'oralité suggère, de son côté, que le sommeil est *en lui-même* le résultat d'une privation, sa conséquence directe.

Et dans ce cas le sommeil aurait une fonction plus ou moins défensive, beaucoup d'études nous montrant, en effet, que les enfants peuvent s'endormir presque immédiatement après un traumatisme ou une rencontre perturbante. Les bébés dont la mère a dû être hospitalisée d'urgence se sont endormis plus rapidement et ont passé plus de temps en sommeil profond que les autres[21], de même que les petits garçons qu'on a circoncis sans anesthésie plongent vite dans un sommeil profond[22], à rebours du postulat des chercheurs que la douleur déboucherait sur toujours plus de pleurs et de veille. On a constaté chez ces nourrissons-là une augmentation de la part du sommeil NREM, comparé à un échantillon moyen. Intéressés par son cas, médecins et psychiatres étaient nombreux à venir rendre visite à Monica, un bébé de 15 mois nourri par une sonde dans l'estomac à cause d'une atrésie de l'œsophage. Dès qu'elle voulait éviter l'une de ces visites elle s'arrangeait pour tomber dans un profond sommeil.

On peut interpréter dans ce sens-là les méthodes courantes pour endormir les bébés. On prétend que leur sommeil

« s'améliore » grâce aux programmes conseillant de les laisser pleurer ou d'allonger par étapes la durée où on les laisse pleurer, au moment du coucher comme en cas de réveil nocturne. Quand ces programmes marchent, tout le monde est content. Mais leurs détracteurs associent justement le sommeil profond où plonge le bébé dans ces cas-là à une sorte de suspension défensive[23] : ils ne s'endormiraient pas pour tomber dans les bras nourriciers de Morphée, mais comme une façon désespérée de tout éteindre en réponse au traumatisme, faute d'autre recours. Et on peut se demander si leur sommeil n'en sera pas, dans certains cas, affecté pour le restant de leurs jours. Et s'il n'y aurait pas, dès lors, différents types de sommeil.

On observe la même chose chez les enfants plus âgés et les adultes. Pendant la Seconde Guerre mondiale, quand les bombardements étaient fréquents, des cas d'endormissement irrésistible ont été souvent rapportés lorsque l'attaque n'avait pas lieu immédiatement après le déclenchement des sirènes[24]. Et, si étrange que cela paraisse, on a vu des soldats dans l'attente d'une attaque imminente tomber soudain dans un profond sommeil : Ian Oswald cite même le cas d'un mitrailleur à l'arrière d'un avion incapable de rester éveillé en mission au moment où le danger approchait enfin[25]. J'ai eu un patient qui s'endormait d'un coup sur le divan presque chaque fois qu'on abordait un aspect de son histoire auquel il ne voulait pas penser ; les phénomènes de ce genre abondent dans les récits d'analystes.

Les éthologues, quant à eux, parlent pour le sommeil d'une « activité de déplacement[26] », faisant observer que des oiseaux tels que l'avocette et la pie de mer s'endorment quand ils sont pris entre le réflexe d'attaque et celui de fuite. Pour René Spitz, le sommeil est bien l'archétype des attitudes défensives, un retrait physiologique et psychologique archaïque en cas de douleur ou d'angoisse[27]. Mais on pourrait se demander si se réveiller n'a pas également cette fonction. À feuilleter les études innombrables de l'impact sur le sommeil de l'interaction mère-enfant, on s'étonne que tant de fois les mêmes problèmes débouchent ou bien sur le sommeil profond ou bien, au contraire, sur le refus ou l'impossibilité de s'endormir, comme si les deux états étaient en fait les deux pôles d'une même équation psychique. Plusieurs études ont montré que les enfants de mères qui réagissaient avec sévérité aux troubles du sommeil de leur bébé, qui y contribuaient ou les dramatisaient, étaient eux-mêmes soit très prompts, soit particulièrement lents à s'endormir.

Ce dont la recherche sur le sommeil ne tient pas compte ici, encore une fois, c'est la dimension essentiellement relationnelle du développement humain, l'idée simple que nous intériorisons des aspects de nos relations aux autres et que nos vies s'en trouvent affectées de bout en bout. Et, de même que notre façon de nous endormir peut renvoyer à notre relation d'origine à la mère, de même notre façon de nous réveiller peut être comprise comme un phénomène relationnel. On explique souvent par la faim le réveil des bébés ; mais, aussi sûrement que la faim est indissociable d'un processus d'interaction du bébé avec ceux qui s'occupent de lui, le réveil lui-même est toujours un éveil *à*. L'enfant qui se réveille est en quête de contact et de dialogue, et son réveil doit être dissocié du simple besoin nutritif. Ce n'est pas un hasard si l'épreuve la plus profonde d'une perte d'identité consiste, chez beaucoup de gens, à se réveiller dans un endroit qu'ils ne reconnaissent pas, comme si c'était précisément de cet instant du réveil que nous attendions de recevoir les coordonnées de qui nous sommes.

12

Se réveiller

Le réveil est indissociable, depuis l'aube de la vie, de la question de savoir à qui et à quoi on s'éveille. Inutile d'insister sur l'immense différence, pour le bébé, entre se réveiller avec sa mère à côté de soi et se réveiller sans personne. L'expérience que font beaucoup de personnes, à l'âge adulte, d'un moral au plus bas et d'un sentiment de découragement à l'instant du réveil pourrait bien être la conséquence moins d'une quelconque appréhension avant une sale journée de plus au bureau que de l'impression plus profonde que quelqu'un *n'est pas là*. Dans nos premiers mois de vie, nous nous éveillons, après chaque temps de sommeil, à une personne qui prend soin de nous, ou qui est tout près de nous ; plus tard nous nous éveillons surtout à son absence. Très vite, cet espace de vide se remplit de la pensée de ce que nous avons à faire, la pensée des obligations et des corvées qui au moins substituent un contenu – si négatif soit-il – à ce néant.

Dans le débat évoqué plus haut sur la dimension d'oralité du rêve, Spitz et ses collègues ont pris le parti de ne pas en rester à la relation du bébé au seul sein maternel. Expliquant que pendant la tétée l'enfant passe le plus clair de son temps à regarder ou tenter de regarder le visage de sa mère, ils firent de ce dernier une sorte d'écran sur lequel ensuite les rêves seraient projetés pendant le sommeil. L'idée paraît fantaisiste, mais elle n'est pas sans intérêt si l'on revient à la question de *ce à quoi* on s'éveille. De fait, avant de se mettre au lit ou au lever, la plupart des gens scrutent dans le miroir la même partie d'eux-mêmes : leur visage. Serait-ce notre propre image qui vient prendre la place du visage de la mère scruté jadis non seulement pendant la tétée, mais à chaque réveil ? Il ne faut sans doute pas s'étonner d'entendre parfois les gens, au moment où ils vont se coucher, se plaindre qu'ils ressemblent tellement à leur mère.

Cette question de savoir avec qui on s'endort et auprès de qui on se réveille oriente la configuration domestique de nos façons de dormir. L'histoire culturelle de l'enfance et de ses représentations s'est beaucoup intéressée à l'émergence surprenante, au XIXe siècle, des pratiques de couchage séparé ou « privé[1] ». Anna Freud fut l'une des premières à faire remarquer, il y a déjà bien longtemps, que le bébé humain est l'un des seuls mammifères qui ne dorment pas au contact direct du corps de leur mère[2]. Alors que dormir dans la même pièce, voire le même lit, est la configuration nocturne la plus répandue dans les foyers pour la majorité de la population mondiale, et pour tout le monde pendant l'essentiel de l'histoire humaine, on a vu cette pratique peu à peu abandonnée au fil des cent cinquante dernières années, en Occident d'abord puis, plus récemment, dans d'autres parties de la planète. Bébés et enfants doivent dormir séparés des parents et peuvent, si le budget familial le permet, bénéficier d'une chambre à eux. Cette pratique du couchage séparé est censée favoriser l'indépendance des enfants et permettre aux parents de dormir d'une traite, mais il est quand même étrange d'attendre d'un bébé qu'il réussisse à dormir seul alors que les parents eux-mêmes, en général, sont incapables de dormir l'un sans l'autre.

Ce qu'on fait de cette question de la séparation est évidemment décisif pour le sommeil à venir. Si dormir c'est être sans l'autre, alors sans doute faut-il faire confiance à l'autre pour revenir ou se trouver pas loin. On a vu plus haut que cette confiance du nourrisson avait un rapport direct avec la « stabilisation » du sommeil vers l'âge de 3 mois, et les enfants développent ensuite d'autres façons d'exprimer et de symboliser cette question de la séparation. Des études sur les bébés ont montré que ceux qui se réveillent beaucoup la nuit sont souvent ceux qui n'arrivent à s'endormir que bercés ou tenus dans les bras. Les meilleurs dormeurs sont au contraire ceux qui y parviennent en suçant leur pouce ou par le recours à des objets transitionnels – ceux qui ont remplacé le contact corporel par autre chose.

À l'inverse, les mères des bébés qui se réveillent le plus les portent et les touchent plus souvent, ce qui évoque peut-être moins une réponse à la détresse de l'enfant qu'une expression de leur propre angoisse ou de leur sexualité. Et ces mêmes mères réagissent plus vite aux pleurs du bébé dans la journée que les mères des bons dormeurs. La psychologue Isabel Paret remarque que les mères qui ont eu elles-mêmes des problèmes de séparation pendant leur enfance s'accrochent plus longtemps à leurs enfants, pour leur apporter cette communion qui leur a jadis fait défaut, de même que les mères qui éprouvent pour leur bébé des sentiments ambivalents peuvent se sentir rassurées de l'entendre se réveiller en pleine nuit, d'avoir la preuve qu'il est en vie ou qu'il n'a mal nulle part[3].

L'une de mes patientes fait remonter ses problèmes de sommeil à la naissance de son premier enfant, qu'elle gardait à côté d'elle dans son lit pendant les premiers mois. Sa mère l'avait pourtant avertie des risques qu'il y avait à partager son lit avec son bébé, et elle passait ses nuits éveillée, à imaginer ce qui se passerait si elle sombrait soudain et roulait sur son bébé ou l'écrasait. Des années plus tard, elle passait encore des nuits blanches, cette fois à attendre folle d'inquiétude le retour de son fils adolescent sorti retrouver des amis. Ses problèmes de sommeil n'ont commencé à s'améliorer que lorsqu'elle a été capable de reconnaître sa haine de son fils, compliquée dans son cas par l'amour intense et envahissant qu'elle ressentait pour lui. Ce qu'elle sentait, en fait, c'est qu'il lui avait volé sa vie, et qu'en plus il avait totalement échoué à devenir le gentil petit garçon qu'elle avait espéré.

Un autre cas est celui de cette mère qui réveille son bébé plusieurs fois par nuit, et l'explique d'abord par un besoin de compagnie, puis comme la seule façon de s'assurer que sa fille est bien en vie. Ce petit rituel nocturne dissimulait une peur panique qui ne lui est apparue que quand elle a pu faire le lien avec sa propre histoire : sa mère avait perdu un enfant avant de l'avoir elle, et le fantôme de ce bébé mort rôdait à l'horizon de ses peurs. Elle dormait à peine, du coup, mais il est intéressant de noter qu'elle ne se plaignait jamais de ses nuits épuisantes. Agir autrement lui aurait paru tellement pire.

Il est quand même curieux de voir que, tout comme une grande partie de l'hygiène pédiatrique moderne recommande de faire dormir bébé tout seul, la science du sommeil insiste en général pour mener ses expériences sur des sujets dormeurs isolés. On les harnache d'un électroencéphalogramme et d'autres instruments pour mesurer leur mouvement oculaire, leur rythme cardiaque, leur respiration et leur tonicité musculaire, et on leur demande de dormir dans un lit simple. Maman n'est pas là, et les sujets bien sûr sont beaucoup trop embarrassés par la situation pour se laisser aller aux rituels de coucher élaborés qu'ils exigent à la maison. Ils ne font pas l'amour avec leur partenaire de lit ni ne se masturbent, et c'est pourtant auprès de ce sujet parfaitement artificiel qu'on recueille les faits « vrais » concernant le sommeil.

De même qu'on ne s'attaque presque jamais à la question du réveil. Il doit bien y avoir une différence entre se réveiller tout seul et être réveillé par quelqu'un, mais on ne tient aucun compte dans la recherche expérimentale de l'éventuelle frustration, voire de la colère, que peut susciter cette dernière option. Tous les parents qui s'occupent de leurs enfants savent que les réveiller induit chez eux des réactions bien différentes que lorsqu'ils se réveillent à leur rythme. On pourrait d'ailleurs aller jusqu'à dire que ne pas être réveillé fait partie intégrante de ce que c'est que dormir. Et le contraste est saisissant entre ceux qui ont l'occasion – au moins de temps à autre – de se réveiller par eux-mêmes et tous ceux qui ne l'ont jamais.

En visite officielle au Maroc en octobre 1980, la reine Elizabeth est arrivée dans ses plus beaux atours pour un dîner d'État mais le palais royal est resté fermé – personne n'est venu ouvrir à la délégation britannique. Quelques jours plus tard, pour le banquet d'adieux, le palais cette fois était bien ouvert mais de nouveau l'hôte de la reine, Hassan II, était absent : personne n'avait osé réveiller le roi dormant. Ce qui a l'air d'une anecdote cocasse prend un tour plus sombre quand on pense aux effets possibles de pareils égards, et l'histoire militaire elle-même déborde d'exemples où les soldats n'ont pas osé réveiller l'officier en charge, avec des conséquences tragiques.

Dans le film de science-fiction *Passengers*, cette question du réveil devient même directement synonyme de meurtre. Des milliers de Terriens partis coloniser l'espace sont en route pour une planète lointaine, profondément endormis dans le vaisseau pour pouvoir faire le voyage, quand un incident technique provoque le réveil de l'un d'eux quatre-vingt-dix ans trop tôt. Une personne ne pouvant se replonger toute seule en hibernation, il sait qu'il mourra avant que le vaisseau n'arrive à destination. Tandis qu'il réfléchit à son destin terrible et solitaire, il ne peut détacher les yeux d'une belle passagère endormie, jouée par Jennifer Lawrence, et prend la décision de la réveiller. Ce qui ressemble à une idylle est ici, en même temps, un homicide : la réveiller revient à la tuer, puisqu'elle aussi dès lors sera morte avant que le vaisseau n'atteigne son but.

Ce geste meurtrier du réveil dans *Passengers* sauve aussi le protagoniste de son isolement insupportable – et il n'est pas étonnant que tant d'aspects du sommeil, chez l'enfant comme chez l'adulte, renvoient à la relation aux autres. Dans les processus explorés chez les bébés par la science du sommeil – tels que les changements dans la mobilité, les pleurs, les expressions du visage, ou l'excrétion, les sursauts, la fonction urinaire ou le réflexe de mâchouiller –, il y a toujours de la relation, puisqu'ils ont lieu à l'occasion d'interactions ou bien les déclenchent. Il ne s'agit jamais uniquement de comportements biologiques tout bêtes, et la réaction à ces processus de la part des parents, par la parole, le toucher, le regard et la nutrition, contribuera largement à dessiner les fonctions neuronales, hormonales et autonomiques de l'enfant. Quand les bébés se réveillent la nuit, ou bien ils replongent dans le sommeil aussitôt ou bien ils sollicitent un parent pendant leur moment d'éveil, et la façon qu'aura alors ce dernier de répondre – ou de ne pas le faire – peut très bien laisser des traces durables dans les habitudes de sommeil futures.

Une femme me racontait à quel point chaque matin elle se levait grincheuse et de mauvaise humeur, si maussade instantanément à l'idée de devoir se réveiller et partir au travail. D'une certaine manière, quoi de plus naturel ? Ne sommes-nous pas si nombreux à maudire l'obligation de se lever tôt et les corvées qui s'ensuivent ? Sauf qu'il y avait pour cette femme une histoire singulière derrière ce sentiment ordinaire, une histoire qui faisait toute l'âpreté de son impression matinale. Son père lui avait préféré ses deux frères, et à sa mort, encore enfant, elle avait surtout gardé de lui des souvenirs de frustration et d'exclusion. Mais elle se souvenait d'un jour pas comme les autres, un jour où il l'avait laissée dormir, où il avait décidé de ne pas la réveiller à l'heure de l'école. Quand elle s'était enfin réveillée, ses frères étaient partis et elle avait ressenti le choix de son père comme une vraie preuve d'amour.

Cet épisode ne s'était jamais reproduit, et c'est peut-être pour cette raison qu'il avait eu tant d'importance pour elle, un seul geste par lequel il l'avait choisie elle, aux dépens des autres. Ce matin-là, les obligations du quotidien avaient été suspendues, et elle ne cessait de l'imaginer la regarder en train de dormir puis prendre cette décision de ne pas l'interrompre. Depuis lors, au fil des années, c'est cette image d'amour qui avait orienté son rapport au réveil, comme si devoir se lever et se préparer pour la journée revenait à nier la simple possibilité d'être aimée. Dans la perception qu'elle avait d'elle-même, elle souffrait désormais comme d'une claque de ce rituel si banal et sans histoire du réveil, qui lui rappelait inconsciemment, chaque matin, tout ce qu'elle avait perdu. À l'arrière-plan se laissaient deviner toute la complexité, l'épaisseur d'une seule relation.

Et pourtant le fantasme des laborantins du sommeil nous dit exactement l'inverse : que les relations ne comptent pas, et que, s'il y en a, il faut les minimiser ou ne pas en tenir compte si l'on veut accéder à la vérité biologique du corps humain. Mais en dormant, comme le dit simplement le psychanalyste Mark Kanzer, on n'est jamais vraiment seul, ou du moins on essaie de ne pas l'être[4]. On dort en quelque sorte avec des marques de l'existence des autres, que ce soit la demande de l'enfant envers le parent, de l'adulte envers son partenaire, ou juste la demande de lumière, de doudou, d'une boisson, d'un biscuit, et ainsi de suite. Difficile de ne pas noter que le best-seller de William Dement paru en 1974, « Il y en a qui veillent et il y en a qui dorment » (*Some Must Watch While Some Must Sleep* – non traduit), est plein d'illustrations bizarres indiscrètes, non du dormeur tout seul mais toujours d'un dormeur sur lequel veille un autre bien visible à l'image, comme autant de lapsus visuels venus révéler ce refoulé de la recherche contemporaine sur le sommeil. Rien d'étonnant que Dement, Kleitman et Aserinsky aient utilisé leurs propres enfants pour leurs expériences, comme si leur place était encore et toujours, face au sommeil, celle du parent qui veille.

Et souvenons-nous que lorsque Kleitman, en 1938, s'est isolé dans les grottes géantes de Mammoth Cave, au Kentucky, pour y réaliser ce qui est sans doute la plus célèbre expérience sur le sommeil dans toute l'histoire de la discipline, il l'a fait avec son étudiant Bruce Richardson[5]. Ils voulaient voir s'ils pourraient adapter leur rythme corporel à une semaine de six jours, de vingt-huit heures chacun, dans un environnement naturel où changeaient très peu la lumière, la température et le volume sonore. Comme l'expliquait le communiqué de presse de l'université de Chicago, ils seraient là-bas, pour leur expérience, à l'abri des « influences extérieures » telles que la lumière du soleil, les variations de température et… l'« activité des autres ». Mais comment Kleitman pouvait-il être à l'abri des autres alors qu'il s'était isolé avec quelqu'un ?

Et dans leur laboratoire à quarante-cinq mètres sous terre, ils étaient en fait servis par le personnel du grand hôtel Mammoth Cave, qui leur apportait tous les jours du poulet frit et du bacon fumé du Kentucky, ainsi que les journaux et leur courrier. Les médias racontant l'expérience avaient beau dépeindre les deux hommes comme un duo de naufragés, l'« activité des autres » était bel et bien présente tout du long. Et l'interaction entre les deux hommes a même eu ses conséquences directes sur le déroulement de l'expérience, puisque Kleitman, incapable de faire la sieste, avait dès lors interdit à Richardson de dormir en dehors de leurs « nuits » de neuf heures. Au beau milieu de l'isolement de Mammoth Cave, l'indice même de l'ordre social était là : une interdiction[6].

Comme expliqué dans les résultats d'expérience qu'ils ont ensuite publiés, Kleitman n'avait pas pu ajuster son rythme corporel, alors que Richardson y était parvenu. On peut se demander quels effets leur interaction a eus sur leur physiologie à chacun, et si cette proximité forcée entre un jeune homme et un homme plus âgé a pu modifier leur sommeil ou leur température corporelle. Les rares études qui s'y intéressent montrent toutes que l'interaction humaine a des effets sur les données du sommeil en fonction de plusieurs critères, qu'il s'agisse du sexe du chercheur, des attentes en matière de rêves, de leur quantité et de la fréquence à laquelle on s'en souvient, dans les phases REM comme dans les phases NREM.

Et quand il y a isolement pour de bon sur une longue durée[7], comme dans les cas d'isolement carcéral en cellule ou de réclusion troglodytique délibérée, une drôle de chose se produit – pour peu qu'il n'y ait là, cette fois, vraiment personne d'autre. Lorsque le spéléologue Michel Siffre s'est isolé exprès dans une grotte pendant cinquante-huit jours sans montre ni livraison de poulet frit, il a trouvé en fait que le temps passait vite, même si la souffrance psychique et physique augmentait à mesure[8]. Quand, peu de temps avant l'échéance de deux mois qu'il s'était fixée, on lui annonça la date de sa libération, il refusa de le croire. Il était sûr qu'il lui restait encore un mois au moins à passer dans la grotte. On rapporte le même genre de sous-estimation du temps chez les prisonniers, qui sont les premiers surpris, contrairement à ce qu'on aurait pu croire, quand on vient mettre un terme à leur séjour en cellule d'isolement : le temps pour eux est souvent passé si rapidement qu'ils s'attendaient à devoir rester là encore plusieurs jours, parfois des semaines.

Emprisonnée à Budapest pour espionnage, en 1949, par le régime communiste hongrois, Edith Bone a raconté qu'au cours de ses sept années d'incarcération dans une cellule solitaire située au sous-sol, bien qu'ayant « lu que le temps traînait en prison, je n'ai pas trouvé que c'était le cas, au contraire il filait trop vite. Les gardes me regardaient souvent avec perplexité quand je confondais le repas du soir avec celui du midi ou croyais que le souper était le déjeuner[9] ». Et Richard Fecteau, qui a passé dix-neuf ans dans une prison chinoise, dont neuf seul dans une cellule, disait pouvoir abolir le temps grâce au rêve éveillé, qui le faisait passer très vite[10]. Mais l'isolement est-il vraiment ici le facteur clé ?

Après la catastrophe minière de Courrières, en France, en mars 1906, une explosion massive qui a tué 1 099 mineurs sur le coup, treize survivants sont restés sous terre dans l'obscurité pendant près de trois semaines, mais ils crurent tous pourtant, quand ils revinrent à la surface, qu'ils n'y avaient passé que quatre ou cinq jours. De même, trois frères restés coincés ensemble sous les débris pendant dix-huit jours après le tremblement de terre de Messine de 1908 avaient estimé qu'il s'était écoulé seulement quatre ou cinq jours, et suscité de ce fait la curiosité des observateurs de l'époque. Les études expérimentales menées ensuite sur ces phénomènes ont toutes confirmé la sous-estimation systématique de la durée dans des conditions d'isolement sensoriel et social, ou de retrait intégral du cadre de vie quotidien.

Mais pourquoi le temps ne passe-t-il pas plus lentement dans ces cas-là, comme il le fait pour l'insomniaque couché qui reste éveillé pendant la nuit ? La peur et l'angoisse ne devraient-elles pas allonger plutôt que resserrer le temps ? À moins qu'il s'agisse, dans ces exemples célèbres, non de sous-estimer le temps qui s'est effectivement écoulé, mais de surestimer le temps qu'on imagine encore à venir. Quant à expliquer qu'on est juste désorienté par l'absence des indicateurs de temps habituels (les *Zeitgebers*), ce serait insuffisant, puisque dans la plupart des cas d'isolement intégral les repas réguliers ou le cycle jour-nuit sont encore présents. Est-ce plutôt l'impression d'impuissance ou, plus exactement, la dépendance intégrale vis-à-vis de l'Autre, que cet Autre soit les gardes de prison ou les sauveteurs qui libèrent ? En ce cas, cela peut évoquer notre situation initiale de dépendance vis-à-vis de ses parents ou de ceux qui s'occupent de nous – de quoi confirmer que c'est bien la relation aux autres, le fait d'arriver ou non à les attendre, qui façonnent notre sens du temps.

Tous ces processus sont essentiels si l'on veut mieux comprendre le sommeil et l'insomnie. Certaines personnes sont incapables de rester seules, d'autres y arrivent mieux ; nos façons de donner du sens et une forme d'expression à notre rapport aux autres influent nécessairement sur nos façons de dormir. Difficile d'imaginer qu'un enfant que sa mère réveille pour qu'il s'occupe d'elle ou qui se réveille en pleine nuit pour l'appeler ne se pose pas alors la question de ce qu'il représente pour elle ou, pour le dire comme les analystes, de ce qu'il est pour l'Autre. Cette question brûlante venue de la première enfance nous accompagne toute la vie, qu'elle soit dramatisée, apaisée ou juste scandée par les différentes rencontres professionnelles, romantiques et sexuelles que nous ferons. Existons-nous pour l'Autre ? Nous reconnaît-il vraiment ? Nous entend-il ? Sommes-nous susceptibles d'être aimés ? D'être désirés ? Risquons-nous d'être abandonnés ?

Une étude menée par la clinique Menninger sur les troubles du sommeil chez l'enfant concluait que l'attitude la plus commune des parents était de penser que ces troubles reflétaient son angoisse d'être abandonné par ses parents, surtout par sa mère[11]. « Si cet enfant a tant de mal à s'endormir, c'est qu'il a besoin que je sois toujours là », comme le formule une mère. La question de la valeur qu'on a pour l'Autre est donc capitale aussi bien pour les parents que pour les enfants, et les insomnies les plus résistantes émergent précisément dans le nouage de ces deux inquiétudes réciproques. Chacun, en somme, se demande ce qu'en pense l'autre.

Une femme qui avait été insomniaque pendant des

décennies me racontait son angoisse quand elle était enfant au moment du coucher, sa peur de l'imminente séparation, par le sommeil, d'avec ses parents. Mais, dès qu'elle criait pendant la nuit, c'était son père, incapable de supporter l'angoisse de sa fille, qui venait tout de suite. Il restait derrière la porte de sa chambre « en tendant l'oreille » vers le moindre son émis par elle, et se ruait alors à son secours. Par un joli lapsus, elle en a conclu en séance qu'il « ne supportait pas que je dorme », là où elle voulait dire « que je ne dorme pas ». Plus tard dans la vie, elle s'est mise à envoyer un email à ses parents chaque soir sans exception juste avant d'aller dormir, comme pour abolir encore, par avance, la séparation d'avec eux. Que la séparation soit si douloureuse pour son père ne faisait qu'accentuer l'urgence de ce rituel quotidien, mais aussi sa culpabilité à l'idée de s'être installée loin de chez ses parents et, en même temps, sa propre peur d'être seule. Plus un parent est parvenu à surmonter pareilles angoisses, plus il pourra être facile, pour l'enfant, de les surmonter à son tour, et d'arriver à traiter la question de ce qu'il est pour l'Autre. C'est peut-être l'aptitude à symboliser cette question fondamentale qui rend possible le sommeil : moins un enfant se trouve aux prises avec la question de ce qu'il est pour l'Autre – et donc avec la possibilité que l'Autre le quitte – et mieux il dormira, ce qu'on voit aussi bien chez les adultes, qui expliquent souvent avoir dormi profondément et délicieusement juste après que quelqu'un leur eut signifié son amour.

S'il existe un type d'insomnie liée à notre incapacité à nous déconnecter de la fonction interpellative, à nous libérer des pensées qui nous assaillent, il en existe aussi un autre, qui nous maintient éveillé dans notre lit sans aucun accès au sommeil mais sans ruminer pour autant un souci ou une inquiétude en particulier. C'est l'insomnie d'angoisse pure. Le sujet décrit une sorte d'état neutre, vide, comme si c'était le corps cette fois et non plus l'activité de l'esprit qui l'empêchait de dormir. Ainsi que l'explique Marie Darrieussecq, dans cette insomnie-là il n'y a aucun « parce que » : insomnie sans « raison aucune », juste la « terrifiante lucidité des veilles[12] ». L'expérience qu'on fait alors du temps n'est pas celle des horloges et des mesures symboliques mais celle de l'objet, du corps devenu son propre obstacle, et dans cet état singulier, d'une agitation intérieure et d'un sentiment d'urgence. On reste allongé, parfaitement éveillé, à attendre que quelque chose se passe, comme si seule pouvait nous sauver une intervention extérieure. C'est pourquoi le somnifère ou l'appel du réfrigérateur semblent être souvent la seule solution.

Peut-être est-on, dans ce genre d'insomnie, suspendu à la question de ce qu'on est pour l'Autre. Mais on ne pense pas, on ne calcule pas, on ne remet rien en question, on est simplement réduit à un état d'angoisse corporelle. Beaucoup de gens, en revanche, passent leur nuit d'insomnie à laisser défiler en eux des scénarios fantasmatiques, dans lesquels ils sont la star ou le héros – une façon de s'assurer une place dans le monde : ils ont gagné une compétition sportive, sauvé quelqu'un de la noyade, fait échouer une attaque terroriste. S'ensuit un moment où la gratitude et l'admiration convergent vers eux, et où ils savent enfin ce qu'ils sont pour l'Autre. Ces fantasmes les maintiennent ainsi à bonne distance d'un lieu où, justement, ils ne le sauraient pas, ce lieu qu'on côtoie dans l'autre forme d'insomnie.

On a donc réussi à désactiver l'interpellation, mais on est passé des pensées qui perturbent à quelque chose de pire : rien ni personne, désormais, ne nous appelle. Le sujet a beau jurer qu'aucune inquiétude ne lui vient, il n'en est pas moins incapable de dormir, avec dans ses propos un drôle de thème récurrent. « C'est comme si j'étais puni pour quelque chose, résume un insomniaque, sauf que je ne sais pas quoi[13]. » Le vocabulaire du châtiment ressurgit encore et toujours au fil des récits qu'on entend de cette forme d'insomnie plus dévastatrice, et pourtant, faute d'une cause, d'une pensée ou d'une inquiétude qui nous rendraient l'insomnie rationnelle, on ne peut que constater l'abîme entre la punition et le crime.

13

En dette de sommeil

Dans les interactions entre parent et enfant autour du sommeil, cette question de la culpabilité est omniprésente. En cas de trouble du sommeil, les parents se sentent obligés de *faire* quelque chose : il faut qu'ils s'impliquent d'une façon ou d'une autre, et ils s'imputent très souvent l'incapacité de leur bébé à stabiliser ses nuits. Si l'enfant ne dort pas, c'est qu'ils ont fait quelque chose de travers. On remarque aussi que les parents ressentent souvent comme une punition personnelle les problèmes de sommeil de leur enfant : ils s'en attribuent la responsabilité, évoquent parfois leur propre nullité en tant que parent ou même leur ambivalence à l'égard de l'enfant.

On a tendance à voir dans les rituels du coucher, qui apparaissent dans les deuxième et troisième années de vie, des antidotes à l'angoisse, mais ils ont peut-être aussi un rapport avec la culpabilité, pour l'enfant comme pour l'adulte. Dans toutes les sociétés humaines, il y a des rituels encadrant le temps de sommeil, qui sont à la fois culturels et propres à chacun, depuis les prières ou les incantations jusqu'aux petites manies, comme de vérifier que les portes sont verrouillées ou que les plaques de cuisson sont éteintes, ou même l'habitude de glisser sa langue sur ses dents dans un sens précis. En plus des règles courantes de nettoyage et de préparation du corps, les deux exigences les plus répandues sont peut-être la présence d'un objet, tel qu'un animal en peluche, et un mouvement régulier du corps, que l'on doit caresser, frictionner ou bercer. Telles sont les requêtes qui encadrent le sommeil, leur qualité la plus évidente étant leur dimension répétitive : il faut en passer par là avant toute entrée dans le sommeil.

Pourquoi donc le sommeil exige-t-il pareille préparation ? Et pourquoi tant de gens sont-ils incapables de dormir si leurs rituels de coucher n'ont pas été respectés ? Alors qu'aujourd'hui les moments du coucher et du réveil sont associés surtout à des pratiques du corps, comme de se brosser les dents, se déshabiller et se laver, jusqu'au début de l'époque moderne cette préparation était également spirituelle. Avec des prières bien spécifiques, pour le coucher, pour le réveil, ainsi que pour la période de veille entre les deux temps de sommeil de la nuit. Il y avait de brèves prières rituelles pour le moment de se déshabiller, celui de s'allonger, celui de la veille nocturne et celui du premier réveil matinal[1].

Chacun devait être préparé pour la nuit, dans la mesure où le sommeil était un espace spécial à l'intérieur duquel l'âme pouvait être purifiée et la relation à Dieu ne plus être entravée par les distractions du jour[2]. L'une des prières du soir les plus courantes au Moyen Âge, encore d'usage aujourd'hui, fait très clairement ce lien :

Je m'allonge maintenant pour sommeiller
Et prie Dieu mon âme de sauvegarder[3].

C'est alors qu'il fallait se repentir de ses péchés, et pour ce faire manipuler divers textes et objets pieux. Il est probable que cette idée de purification spirituelle soit à l'origine de nos pratiques contemporaines d'ablutions et de brossages avant de dormir, comme si les exercices du corps constituaient un prolongement métaphorique de cette autre sorte de nettoyage. Se laver à ce moment précis ne découlerait donc pas de considérations hygiéniques mais strictement morales. Une fois que c'est fait, le sommeil représenterait la récompense d'un comportement de bon chrétien. Pour dormir, il faut avoir la conscience claire.

Comme l'écrit le satiriste anglais Thomas Nashe dans son pamphlet (1594) *Terrors of the Night* (« Les terreurs de la nuit »), ce moment sert « au diable de livre noir, dans lequel il se promène consignant toutes nos transgressions[4] ». Le diable y « remet à nos mémoires une vraie facture détaillée de ses détestables impiétés. La table de notre cœur s'y tourne vers une liste de méfaits, et nos pensées ne sont toutes que des textes qui nous damnent ». On peut aujourd'hui inverser cette dernière formule, puisque ce sont plutôt nos textos qui deviennent tous des pensées qui nous damnent, à mesure que nous passons en revue nos sms de la journée pour mettre à jour mentalement, dans notre lit, tous nos échanges de la journée. Ce qui n'a pas changé, par contre, est l'idée que le moment du sommeil est celui où chaque soir nous détectons et énumérons nos péchés, les mille façons que nous avons eues d'échouer ou de mal faire.

Là où George Herbert écrivait, au début du XVIIe siècle, « Récapitule au soir, ce que tu as fait de jour/Et au petit matin, ce que tu devras faire[5] », les théoriciens de l'évolution aimeraient voir un encouragement cognitif à intégrer chaque jour des faits nouveaux dont le sommeil assurera chaque soir la consolidation mémorielle ; mais il s'agissait plutôt de calculer les péchés qu'on a tous les jours à expier. La récapitulation agit comme un catalogage de ses propres actions, qu'on peut ainsi examiner et juger en détail, tandis que l'énumération matinale de ses obligations garantit une conduite de bon chrétien. On voyait souvent le sommeil, à cette époque, comme un moyen d'apaiser la colère et le chagrin, et comme cette façon de traiter les impuretés de l'âme, les deux opérations n'étant bien sûr pas sans rapport.

Les historiens des émotions ont montré que sur ces questions différentes traditions sont en jeu, surtout l'augustinienne et la stoïcienne[6]. Selon cette dernière, il faut supprimer ou neutraliser les passions en dernier recours pour que l'action rationnelle soit possible. La pensée va progressivement se détacher des affects, et avoir la priorité, moyennant une scission décisive à l'œuvre aujourd'hui par exemple dans les thérapies cognitives. La tradition augustinienne, au contraire, ne cherche pas à effacer les émotions mais à leur donner une direction, une orientation correcte. Imiter le Christ, c'était s'identifier à sa Passion, pour qu'un affect tel que l'amour puisse transmuer, réorienter la colère ou la haine.

Rien à voir avec le monde du stoïcien, pour qui les meilleurs résultats sont obtenus en faisant ablation des affects. C'est ainsi que le stoïcien idéal, dans les *Tusculanes* de Cicéron, accueille la nouvelle de la mort de son fils par ces mots : « Je savais que j'avais engendré un mortel. » Un détachement démenti évidemment par les fameuses insomnies si fréquentes à la suite d'un deuil – un genre d'incapacité à dormir qu'on attribue moins à la tristesse qu'à la culpabilité. Souvenons-nous du reproche qu'adressait au père endeuillé feu le fils en flammes, dans le rêve commenté par Freud, et de tant et tant d'exemples venus du cinéma et de la littérature.

Comme le dit Kafka, « le sommeil est la créature la plus innocente, et l'homme qui ne dort pas, la plus coupable[7] ». Et pour Coleridge, allongé sur son lit, « tout semblait faute, regret ou malheur », aussi bien pour le père en deuil chez Freud que pour les rois criminels dans *Henri IV* ou *Macbeth*. Les maintiennent tous en éveil l'absence d'une conscience claire, le sang qu'ils ont sur les mains, ou celui qu'ils croient avoir. Il est arrivé à la littérature d'imputer le sommeil impossible à des déceptions amoureuses, mais la culpabilité y est un motif autrement plus fréquent. Or s'il suffit d'une conscience embrumée pour nous empêcher de nous endormir ou nous réveiller en pleine nuit, qu'est donc le sommeil lui-même ? Des expressions telles que « dormir comme un bébé » ou « du sommeil des innocents » achèvent d'associer le sommeil à une certaine forme de pureté : dormir ainsi, c'est n'avoir jamais mal fait.

Faut-il y voir une simple conséquence de la conception chrétienne du sommeil comme purification ? Ou quelque chose qui dépasse nos traditions religieuses ? Difficile d'ignorer, ici, qu'une part importante de la population ne peut aller dormir qu'après avoir éloigné les soucis de la journée en regardant *Section de recherches* ou *Esprits criminels*, et toutes ces séries télévisées où un crime est résolu proprement en un même intervalle de temps. Un méfait a été commis, une enquête s'ensuit et un coupable est bientôt appréhendé et châtié. La religion a sans doute longtemps fourni un cadre dans lequel régler la question de la culpabilité, mais ce sont peut-être désormais ces produits de l'industrie culturelle qui jouent le même rôle. Autant d'activités d'avant le sommeil qui, en ce sens, permettent de nettoyer la conscience, d'externaliser la faute et sa résolution.

Il est significatif que nombre de ces séries et de ces films fassent de celui qui élucide le crime celui qui en était suspecté au départ. Un membre de la famille, un détective ou un étranger dans le quartier est d'abord accusé d'être impliqué dans le crime, avant de passer le reste de l'histoire à démontrer par le menu qu'il n'y est pour rien et que quelqu'un d'autre a fait le coup. Le dénouement n'est possible qu'une fois le protagoniste innocenté, et la responsabilité de l'acte violent imputée à un autre. Dans leur fabuleuse psychanalyse du cinéma, Martha Wolfenstein et Nathan Leites font remarquer que la motivation la plus courante à l'écran pour une enquête criminelle est de se disculper après avoir été accusé à tort[8]. Il y a toujours au départ une force – les gens de la ville, la police locale, etc. – qui impute la faute, avant que le héros n'ait à prouver son innocence. Et une fois la faute réassignée, on pourra dormir.

Ici, on peut aussi penser aux enfants qu'on envoie au lit comme une punition, même si le châtiment est alors davantage dans le temps passé à *ne pas* dormir que dans le sommeil lui-même. Le parent qui prononce cette sentence va se sentir floué si, quelques minutes après avoir renvoyé son enfant, il le trouve en train de dormir paisiblement. Il n'était pas censé arriver à dormir ! Encore un conflit entre le sommeil et la conscience tranquille, qui nous montre qu'il y a dans la culpabilité à la fois quelque chose qui nous permet de dormir et quelque chose qui nous en empêche.

Revenons au cas raconté par Frances Deri, dont le patient se réveillait chaque nuit vers 2 heures pour une « heure de veille » – vue par l'analyste comme un symptôme pathologique et par le patient comme la chose la plus normale du monde. Il a pourtant eu l'intuition, à un moment de son analyse, qu'il devait exister un rapport entre ce réveil nocturne et son histoire d'enfance. Il se souvenait que son père partait soigner des gens chaque jour au milieu de la nuit, et qu'après sa mort, quand sa mère s'était remariée, elle avait été moquée par la famille pour avoir épousé cette fois un directeur de journal qui, lui aussi, quittait la maison au milieu de la nuit, à peu près à la même heure. Du coup, le jeune homme avait interrogé sa mère sur les sorties de son père, et elle lui avait confirmé qu'en effet il partait tous les jours à 2 heures du matin pour le poste de premiers secours où il travaillait.

L'analyste lui suggéra donc, comme première interprétation, que son heure nocturne de réveil avait un rapport avec le père, et que cette heure très précise « maintenait bien vivantes sa rancœur et sa revanche » pour toutes ces années de sommeil cruellement interrompu nuit après nuit, la mère n'ayant jamais réussi à préserver son fils des bruits que faisait le réveil de son mari. Le jeune patient était d'accord, et la rage qu'il ressentait au début de sa cure diminua.

Il fallut ensuite un certain temps avant que cette histoire d'heure de veille ne resurgisse, mais cette fois en lien avec le symptôme majeur qui l'avait amené en analyse au départ : ses graves difficultés de concentration au cours de ses études.

Il décrivait ses journées comme un effort héroïque et permanent pour rester éveillé, pour ne pas s'endormir. L'analyste lui demanda pourquoi il ne faisait pas de petites siestes, s'il était à ce point fatigué, et il lui répondit, étonné, qu'en fait il n'était jamais fatigué. N'empêche qu'il devait prendre des douches froides, se pincer le nez et lire à voix haute ce qu'il était en train d'étudier, pour éviter de s'assoupir. « Il ne faut pas que je dorme quand je suis censé étudier, expliquait-il. J'ai mes huit heures de profond sommeil toutes les nuits. Je me sentirais horriblement coupable si je m'endormais pendant la journée. » L'analyste lui a demandé si son père arrivait à travailler dans la journée après ses postes de nuit, et la question a fait revenir un souvenir. Il était allé une fois dans le bureau de son père et l'avait trouvé endormi sur le canapé. « Manifestement, a-t-il conclu, il ne voyait aucun patient pendant la journée. » Il s'était marié jeune et avait pris ces postes de nuit pour contribuer aux dépenses du foyer, mais son travail de jour était une imposture : il n'y avait à la maison aucun cabinet médical. Au cours du récit, la colère du fils est montée très vite, et il a pu exprimer tout le ressentiment qu'il éprouvait à cette époque, quand on lui interdisait, son père parti, de rejoindre sa mère dans le lit, parce qu'elle voulait dormir. Il se sentait alors complètement abandonné.

Il devenait clair désormais que ses problèmes de sommeil avaient commencé après la mort de son père, mais les réveils à 2 heures du matin n'avaient débuté qu'après le remariage de sa mère, quand la famille avait noté que le beau-père partait en pleine nuit à la même heure qu'autrefois le père. Commentaire de Deri : « C'était l'une des façons qu'il avait trouvées de s'identifier avec son père mort, et de faire savoir à sa mère qu'au moins à ce titre il était comme son mari. » Mais n'y a-t-il pas ici une autre dimension performative, dans cette façon de rappeler à la famille l'existence du père, éclipsée dorénavant par l'arrivée du nouveau mari ? D'autant que ce beau-père était un homme de presse connu, auteur de nombreux livres à succès, dont les camarades de classe du patient avaient entendu parler, alors que son pèreavait nettement moins réussi. Tout le monde était au courant pour ce « nouveau » père. Une raison supplémentaire, peut-être, de garder la mémoire du premier.

Pour ne rien arranger, le garçon était alors très attaché à son beau-père, et faisait de son mieux pour l'imiter, notamment par la lecture et l'écriture. Pendant son heure de veille, il lisait des histoires qu'il imaginait écrites par son beau-père. Il élaborait aussi et rédigeait lui-même des récits, tout en se masturbant, et ne regrettait que de les laisser inachevés quand le sommeil finalement le cueillait. Évoquer tout cela ne semblait pas avoir d'effet sur son symptôme, jusqu'à une phase plus tardive de sa cure : l'impression que Deri, son analyste, manifestait de l'impatience à son égard libéra tout à coup des éléments nouveaux.

Sentir que Deri soudain manquait de temps pour lui fit revenir non seulement l'impatience de son père quand il venait le voir dans son bureau, mais aussi l'attitude de sa mère en pleine nuit avec son père. Et il se souvint alors pour la première fois qu'en fait son père n'avait aucune envie de partir travailler à 2 heures du matin. Sa mère se mettait en colère et le forçait à y aller, lui reprochant ses réticences. Elle pouvait même le soudoyer par des baisers ou faire l'amour avec lui à condition qu'il accepte de partir. Pour le jeune garçon, il y avait là comme un sacrifice, et c'était bien de ces « nuits déroutantes » que provenait son symptôme nocturne. Tel que Deri le reconstituait, « il était à la fois effrayé et fasciné, il ne supportait pas de regarder ni d'entendre, mais pas non plus d'aller dormir ». C'est à la suite de cette séance que le patient, d'après ce qu'il avait dit à son analyste, eut sa toute première nuit de sommeil d'une traite, sans heure de veille.

Selon Deri, le sentiment de culpabilité que redoutait le jeune homme s'il s'endormait sur ses devoirs dans la journée appartenait en fait à son heure de veille nocturne, mais avait été déplacée là pour que sa veille de nuit ne lui semble relever d'aucun symptôme. D'où son étonnement qu'on puisse trouver celle-ci ne serait-ce qu'un peu étrange. La culpabilité avait donc glissé de l'heure nocturne de veille au problème diurne avec ses études. Deri fait bien attention de préciser qu'à maints égards ce cas est atypique, puisque le plus souvent la causalité derrière une insomnie n'est pas aussi spécifique – elle ne saurait être en elle-même, en général, le vecteur singulier de la signification et de l'histoire personnelle. Bien des insomnies pourtant se prêtent à ce genre d'interprétation, remplissant une fonction précise à un moment précis ou, dans d'autres cas, rassemblant en elles au fil du temps des significations éparses, qui les rendent d'autant plus résistantes aux traitements.

Reste que ce cas-là est tout sauf simple, et que le réveil nocturne du jeune homme contient les nombreux fils emmêlés de son histoire, qu'il fallait arriver à dénouer sur le long terme. Et même s'il est absurde de voir tous les cas d'insomnie par le prisme de cette curieuse histoire, elle nous suggère quand même quelque chose d'important qui éclaire beaucoup d'autres exemples. On a dit que les rêves se construisent à partir de résidus de la vie de tous les jours auxquels viennent s'associer des courants de pensée inconsciente. Les détails de notre journée qui vont le mieux marcher sont liés à des choses qu'on n'avait pas finies, qu'on sait devoir faire mais qu'on n'a pas encore faites, qui n'ont pas été réglées ou achevées, des choses qu'on avait interrompues ou qui sont restées irrésolues : ce qu'un médecin du XVIIIe siècle appelait les « regrets du jour[9] ». Des caractéristiques de base de la vie ordinaire, autrement dit, et qui gravitent autour de nos points de contact avec les autres, puisque c'est eux bien souvent qui nous laissent ce genre d'impressions.

On n'a pas terminé une tâche au bureau que les collègues devaient vérifier, on n'a pas trouvé de solution à l'interaction problématique qu'on a eue avec quelqu'un, on n'a pas encore répondu à la demande qu'on nous a faite… Ce sont précisément ces reliquats de nos journées, si nombreux et si omniprésents, qui servent d'aimants pour l'inconscient, lequel lui aussi tourne autour de ce qui n'a pas été fait, de ce qui est resté inachevé, irrésolu. Comme Freud l'expliquait, les problèmes du jour laissés en suspens partagent avec les conflits insurmontés de l'inconscient une sorte de « teneur » commune. Les péchés par omission et les obligations non remplies vont occuper le devant de la scène, corrélats d'une autre culpabilité, celle qu'ont laissée enfouie en nous des pulsions qu'on avait désavouées. Une culpabilité, ici, en utilise une autre.

Ces reliquats du jour s'accrochent ainsi à tout ce qui est de l'ordre de la dette, à tout ce qu'on doit ou qu'on n'a pas payé, au-delà des seules dettes empiriques qu'on peut avoir accumulées. La dette peut être d'amour, avec le sentiment de ne pas l'avoir pleinement payée, de s'y être dérobé : on n'a pas fait ce qu'on aurait dû faire. Allongés le soir sans trouver le sommeil, les insomniaques racontent si souvent qu'ils passent en revue leurs obligations du moment, ce qu'ils auraient dû faire, comment ils auraient dû ou devraient encore faire plus pour leurs proches, jusqu'au point où le sommeil en devient impossible. Si l'on voit dans le sommeil une rupture, une échappée, une suspension de toutes les obligations – ou, comme le dit une insomniaque, le fait d'en « sortir » –, alors, poursuit-elle, « de quel droit pourrais-je dormir ? oublier tout ce que je dois faire ? ». Pour arriver à dormir, il faudrait, en somme, qu'elle puisse réparer les torts dont elle s'accuse, en particulier la séparation d'avec ses parents.

Ce n'est peut-être pas un hasard si l'on ne parle pas seulement de manque de sommeil, mais parfois aussi d'une « dette de sommeil », dans des termes qui bizarrement ont changé de sens avec le temps : ils suggéraient au départ qu'on passe un tiers de sa vie à dormir pour régler une sorte de dette très générale qu'on aurait contractée à l'état d'éveil, mais ce manque ou cette dette renvoient désormais à ce qui nous est enlevé quand on ne passe *pas* un tiers de sa vie à dormir. Dans le tout premier article qu'il publie, en 1923, Kleitman demande, en une formule déconcertante, « si huit heures ou plus de sommeil par jour seraient vraiment la peine minimale encourue pour l'état d'éveil dans lequel on est le reste du temps[10] », comme s'il fallait être puni d'être resté éveillé. Et on peut citer de nouveau l'étonnante phrase d'ouverture du livre de Gay Luce et Julius Segal, *L'Insomnie* : « Il n'y a qu'une solution pour échapper à coup sûr à l'insomnie [...] : ne pas être né. » Être né, c'est contracter une dette, une dette qu'on ne pourra régler, imaginent beaucoup de gens, qu'en ayant soi-même des enfants.

Un de mes patients se plaignait d'une insomnie persistante, intraitable, et après avoir bien cherché on a compris à quel moment elle avait commencé. Il avait été éduqué dans des écoles publiques et, après avoir terminé ses études secondaires, avait réussi à être admis dans une université à l'étranger que ses parents n'avaient pas les moyens de lui payer, alors que la spécialité qu'il voulait étudier n'était enseignée nulle part dans son pays d'origine. Ses parents l'avaient alors soutenu, et sa mère avait commencé à faire des heures supplémentaires la nuit pour gagner le complément qui permettrait à son fils de suivre les études qu'il voulait. Il a fini par réussir le diplôme de sortie et par faire sa vie dans le pays où il était parti étudier. Ses problèmes de sommeil ne sont apparus que des années après, quand il a appris que sa mère était tombée malade.

D'une certaine façon, quoi de plus naturel ? Un fils réalise que sa mère est malade alors qu'il est loin d'elle, dans un pays étranger. Il s'inquiète pour elle et n'arrive plus à dormir. Mais ce n'est pas exactement ce qu'il s'est passé. D'abord parce qu'il ne restait pas tous les soirs allongé à penser consciemment à sa mère, et ensuite parce que l'insomnie n'a débuté que quelques semaines plus tard, lorsqu'il est retourné la voir et qu'elle lui a dit que ses problèmes de santé avaient commencé pendant ses heures de travail nocturne. Alors seulement le fils n'a plus été capable de dormir. La maladie de sa mère a fait ressortir la question de la dette : c'est pour lui qu'elle avait sacrifié son sommeil, et maintenant la perspective de sa disparition le renvoyait à sa responsabilité. L'insomnie lui était à la fois une identification avec sa mère – qui travaillait toutes les nuits pour lui – et une forme de remboursement.

De quel droit, dès lors, osait-il dormir ? Dans un autre cas, c'est la remarque anodine d'une mère qui va bouleverser le sommeil de sa fille pour longtemps. Au détour d'une conversation, lors d'une réunion de famille, elle a lâché : « Après la naissance des enfants, je n'ai pas pu dormir pendant des années. » Une remarque désinvolte, faite sans mauvaise intention, mais qui pour sa fille signifiait : « De quel droit, après ça, les enfants osent-ils dormir ? » Car elle savait, et c'en était d'autant plus cruel, à quel point sa mère adorait dormir, elle qui l'exprimait souvent en disant qu'elle « mourait d'envie d'une bonne nuit de sommeil » – faire le lien ici avec sa naissance condamnait sa fille à une vie entière sans sommeil.

Une autre patiente me disait souvent : « Je me réveille

avec un sentiment de culpabilité, mais je ne sais pas pour quoi, ou pour qui. » Quand je l'interrogeais là-dessus, aucune pensée ne lui venait : « Comment je sais que c'est de la culpabilité ? Je ne sais pas, mais j'en suis sûre. » Puis vint une séance où elle a fait le lien avec la maternité. Quand elle était tombée enceinte, elle n'avait d'abord pas osé l'annoncer à sa mère, qui des années plus tôt lui avait dit une fois qu'elle n'était pas du tout obligée d'avoir des enfants. Si bien qu'elle ne savait pas comment sa mère réagirait à la nouvelle. « Là, il y avait de la culpabilité. Je n'étais pas censée avoir d'enfant. » Elle avait interprété comme un ordre les mots de sa mère, et du même coup – inconsciemment – sa propre maternité comme une faute, ou une transgression.

On peut penser aussi à la culpabilité du survivant, qui désigne en général le fardeau ressenti quand on survit à la mort d'un autre. Dans les camps de concentration, on pouvait survivre sans que ce soit le cas de son conjoint, de ses enfants, de ses parents, de ses amis. « Pourquoi pas moi ? » Ce fardeau de la survie a été souvent raconté par ceux qui sont sortis vivants des camps de la mort. Les survivants d'autres catastrophes rapportent eux aussi ce sentiment, après un accident de voiture ou un attentat terroriste. Mais cette impression ne nous vient-elle pas également en l'absence d'un désastre ou d'une tragédie manifeste, à travers les pertes qui ponctuent l'existence de chacun ?

Quelqu'un qui arrête de dormir après la mort d'un parent, même quand c'est de mort naturelle ou attendue, a été exposé à cette culpabilité d'avoir survécu, de ne pas avoir été emporté à sa place. Il peut y avoir l'impression que le parent avait tant sacrifié pour lui, ou juste la dette contractée du seul fait d'être né, mais dans les deux cas il ne faudrait pas sous-estimer le poids du fardeau, comme si de rester en vie, de survivre, de se séparer de ceux qui nous ont donné la vie, découlait nécessairement une certaine culpabilité. Il s'agit d'une dette structurelle, en un sens, irréductible à quoi que ce soit qu'on aurait « fait » : demeurer vivant peut prendre le statut d'une faute.

Les fils et les filles s'imaginent souvent que c'est en ayant eux-mêmes des enfants qu'ils accéderont à l'indépendance convoitée, mais c'est surtout à ce moment-là que l'insomnie chronique peut apparaître. Il faut tenir compte de ce que l'apparition d'un nouveau-né change pour le sommeil des parents, en bouleversant les horaires diurnes comme nocturnes, mais en même temps n'y a-t-il pas ici quelque chose qui est de l'ordre de la dette ? On évoquait plus haut la fréquence, sur ces questions, d'un vocabulaire de la punition : le bébé tient les parents en éveil toute la nuit comme une sorte de punition, et ses problèmes de sommeil sont si vite rapportés par les parents à leurs propres défaillances.

Et puis les gens ne se sentent-ils pas coupables dès qu'ils oublient de se brosser les dents ou de se démaquiller, même un seul soir, comme si des conséquences catastrophiques allaient s'ensuivre ? Comme le dit une étudiante : « Il n'y a qu'une chose qui pourrait entraver mon endormissement, c'est le brossage de dents : non pas que je bénisse l'hygiène buccale ou que j'aie peur des bactéries, mais je déteste la sensation coupable de la bouche pas propre. Si j'essaie de m'endormir sans avoir utilisé ma brosse à dents, ça va me prendre plus de temps car je devrai me concentrer pour oublier mes dents, au lieu de me détendre tranquillement sur l'oreiller. » Plus s'étendent les rituels du coucher, plus s'affûte la crête redoutée des péchés et des oublis.

L'idée d'en omettre un seul est au cœur de la méthode la plus connue pour s'endormir : compter les moutons. Bien que la méthode ne marche à peu près jamais, c'est devenu le synonyme du processus lui-même de détachement d'avec l'état de veille. William Wordsworth l'écrivait clairement :

Un troupeau de moutons qui sous l'œil du berger
Passent, l'un après l'autre ; un ru dont l'eau s'épanche
Sur la mousse ; la pluie et la cascade blanche,
Le bruit des mers, les prés unis, le ciel léger, –
J'ai tout évoqué tour à tour, pour engager
Le sommeil à venir. [...]
Voilà trois nuits déjà que vainement j'appelle,
Étendu sur mon lit, le doux sommeil rebelle...

Le poète montre bien la futilité de l'exercice, mais s'il est néanmoins si populaire, c'est peut-être que la seule bonne raison de compter des moutons est de vérifier qu'il n'y en a pas un qui manque. Car dans ce cas, la personne qui compte serait évidemment responsable de la perte.

Dans le même ordre d'idées, les rituels que nous nous imposons avant et après le sommeil mettent en scène à infime échelle une inversion de la responsabilité. Qu'il s'agisse de se brosser les dents, de se souvenir de prendre son somnifère ou de descendre les poubelles, une tâche nous attend que nous nous sentons le devoir d'accomplir. Comme pour les prières qui furent autrefois un passage obligé à l'heure du coucher, nous déroulons une petite routine pour tenir les dangers à distance et créer un espace où pourra être ouverte puis refermée la possibilité de l'oubli, en une sorte de traitement nocturne de la culpabilité. On a vu, dans les mots de cette étudiante sur le brossage de dents, les risques qu'il y avait à négliger les menus devoirs du soir, preuve que les enjeux cachés d'un seul oubli sont décidément considérables.

Enfin, de même que ces tâches consistent en activités qu'il est possible de terminer en une fois – contrairement à la plupart de celles qui jalonnent nos vies –, elles nous offrent une contrepartie pour ce que nous aurions pu éprouver comme les péchés d'avarice ou de gourmandise : les péchés d'un trop-plein. Tant de gens, allongés le soir sans arriver à dormir, se sermonnent eux-mêmes pour la part de gâteau, la barre de chocolat, la troisième tasse de café ou le troisième verre de vin auxquels ils se sentent coupables de s'être laissés aller. À mesure qu'on passe en revue et amplifie ces petits péchés, ils en viennent à incarner la Faute que nous aurions commise, une responsabilité fondamentale qui nous obsède. Ces pensées du soir qu'évoquent tant d'insomniaques vont des reproches pour ce qu'on aurait oublié de faire ou échoué à faire jusqu'à la réprimande pour ce qu'on a fait mais qu'on n'aurait jamais dû faire.

Ces transactions intérieures autour du sommeil ont toutes à voir, presque invariablement, avec la culpabilité et la faute. Comme le faisait remarquer Hartmann, l'ordonnance signée du médecin pour des somnifères équivaut à la permission donnée par une figure parentale : « c'est bon, vous pouvez aller dormir », sorte de pardon pour nos transgressions. Et tout comme le roi Henri IV chez Shakespeare aspire à dormir enfin pour pouvoir « plonger [ses] sens dans l'oubli », les matelas d'aujourd'hui nous promettent de le faire pour nous. Les publicités pour des matelas emploient souvent le langage du blâme – « si vous ne dormez pas, c'est la faute de votre matelas » – tout en évoquant la « mémoire du matelas » ou ses matériaux « à mémoire de forme », comme s'il fallait la mémoire – ou l'oubli, bien sûr – de quelque chose pour pouvoir dormir correctement. Tous les produits et les conseils liés au sommeil semblent avoir pour horizon, en fin de compte, le dilemme de la conscience et la question de la faute.

14

Sommeil et culpabilité

Comme l'observaient les écrivains et les penseurs bien avant les psychanalystes, il y a ici bien plus qu'une seule forme de culpabilité. S'il existe une culpabilité liée aux actes qu'on a commis, il y a aussi une culpabilité plus structurelle, que de tels actes peuvent essayer de localiser et de résorber. Cette culpabilité-là est celle qui engendre les crimes plutôt qu'elle n'en résulte. Dans les tragédies grecques, le protagoniste assume une culpabilité pour des actions effroyables que le Destin a déjà préparées pour lui. Dans *L'Orestie* d'Eschyle ou le cycle thébain de Sophocle, des personnages tels qu'Agamemnon et Œdipe sont condamnés à porter sur eux la malédiction des générations précédentes. Descendants de Tantale et de Laïus, ils sont à la fois le bras armé et les victimes expiatoires d'un sort violent qui hante toute leur lignée familiale. Les dramaturges ont beau déployer et complexifier cet écheveau en autant de questions de responsabilité individuelle, une différence radicale demeure entre ce que le sujet fait effectivement et la matrice plus large dans laquelle ses actions s'inscrivent[1].

C'est exactement la même distinction que font Freud

puis Lacan dans leur approche de la question de la culpabilité[2]. Freud avait d'abord conçu la culpabilité comme un positionnement qu'on prendrait par rapport aux premières expériences, dans la petite enfance, de l'excitation. À un certain niveau, il s'agit du rejet d'une pulsion sexuelle, peut-être à cause d'un interdit, et à un autre, d'une forme de sexualité en soi, d'une façon de rester lié à la pulsion. D'où le fait que tant de gens, plus tard, soient incapables d'envisager une relation sexuelle sans qu'y soit impliquée une forme ou une autre de culpabilité. Ils ont parfois l'air plus attachés à leur culpabilité qu'à leur partenaire.

Freud pense qu'on peut aussi éprouver de la culpabilité à cause d'une tension pulsionnelle, d'une sensation d'urgence et d'agitation corporelle en même temps que psychique. C'est la pression intérieure en direction d'une satisfaction de la pulsion qui suscite un sentiment de culpabilité, mais Freud ajoute qu'il ne croit pas à la culpabilité inconsciente, dans la mesure où les sentiments ne sont jamais inconscients. Leurs sources peuvent être inconscientes, mais les sentiments eux-mêmes sont toujours éprouvés consciemment à un niveau ou un autre. Ce qui l'a incité à remplacer la notion de culpabilité inconsciente par celle d'un besoin de punition – une idée que confirme l'expérience clinique, et le fait que les patients n'évoquent presque jamais leur insomnie au cours des premières séances. Quant au rapport entre l'interdit et la culpabilité, Freud a aussi laissé tomber cette piste, et il est intéressant de noter que tous ses disciples ayant étudié la question ont fait de même. Que nous nous sentions coupable après avoir enfreint la loi peut sembler évident, c'est pourtant précisément ce qu'ils réfutent.

Pour ce qui est de l'autre forme de culpabilité, plus structurelle, Freud la trouve à l'œuvre dans la dynamique transgénérationnelle. Dans *Totem et Tabou*, son conte sur les origines de la société, les fils s'associent pour tuer le père et avoir accès aux femmes du groupe, qu'il s'était accaparées. Mais une fois commis le méfait, le remords les envahit et ils en viennent à s'interdire ces mêmes femmes auxquelles leur acte devait leur donner accès. La transmission d'une génération à l'autre à travers l'histoire humaine de ce crime terrible et du remords qu'il engendre délimite une forme de culpabilité qui n'est le résultat d'aucune action individuelle précise.

C'est cette forme de culpabilité qui intéresse Lacan. Mais il distingue une culpabilité qui serait le résultat de notre inscription dans des systèmes de parenté, sorte de dette fondamentale contractée dès notre entrée dans le monde social, et un problème propre à la modernité qui serait d'être dépouillé de cette même dette, privé de cette inscription. On trouve la première culpabilité, de filiation, dans la tragédie classique, où, à cause de leur place dans les réseaux de parenté, héros et héroïnes se doivent d'accomplir leur destinée, quel qu'en soit le coût pour eux-mêmes. Une dette de naissance, en somme, irrévocable et absolue. Mais une seconde forme de culpabilité émerge quand c'est l'idée même de destinée qui s'efface. Lacan souligne qu'une fois révoqué le destin, dès lors qu'on ne peut plus l'invoquer, ni suivre une direction fixée à l'avance, on se sent alors plus responsable encore.

De fait, il y a souvent un rapport entre gâcher une carrière, rater un cursus d'études ou dilapider une autre belle occasion et cette question de la perte d'une destinée. Car être le premier d'une lignée familiale à entrer à l'université, à réussir en affaires ou à s'élever au-dessus de la condition à laquelle on se croyait voué peut très bien engendrer en retour des symptômes qui vont inverser le cours des choses. Notre société a beau nous encourager à réaliser nos rêves, à refuser les préjugés, à ignorer les barrières et la fameuse panne de l'ascenseur social, y parvenir se paie souvent d'un prix élevé, comme si rien en fait ne nous donnait le droit de suivre une autre trajectoire. C'est l'une des raisons pour lesquelles une phase de dépression ou une grave faute professionnelle peuvent très bien résulter de ce que la société voit de son côté comme un « succès ».

On trouve un bel exemple de la première forme de culpabilité dans *Insomnia*, le remake par Christopher Nolan du thriller norvégien d'Erik Skjoldbjærg. Un détective tire sur son collègue par accident et le tue, alors qu'ils sont lancés à la poursuite d'un meurtrier – un heureux accident en quelque sorte dans la mesure où le policier tué s'apprêtait à témoigner contre lui dans une enquête interne de la police des polices. Une policière est chargée de rédiger le rapport, et propose de classer le dossier, mais le protagoniste insiste pour qu'elle ne conclue rien, et le laisse ouvert. En effet, les douilles provenant de son arme pourraient apporter la preuve certaine que c'est lui, et non le meurtrier en fuite, qui a tiré le coup fatal. À la fin du film, alors qu'il va mourir, la policière lui montre la douille, qu'elle a fini par trouver, et lui dit qu'elle peut la supprimer, mais dans un dernier souffle d'énergie il la conjure de n'en rien faire. Alors que ses arrestations passées pourraient s'en trouver invalidées et sa réputation ternie à titre posthume, il privilégie l'inscription juste de sa responsabilité.

Et alors qu'au cours du film il était toujours incapable de dormir, c'est ce dernier réflexe qui semble lui donner accès à son dernier sommeil. Là où, dans l'original norvégien, la policière fait effectivement disparaître la douille incriminante – et le protagoniste repart en voiture –, Christopher Nolan insiste, de son côté, sur la dimension ontologique de la culpabilité : reconnaître ce qui s'est vraiment passé compte ici infiniment plus que les affects humains, de soulagement ou de vengeance, ou que le souci de sauvegarder sa réputation. L'insistance du héros pour que la douille qui l'accuse figure dans le rapport final fait ainsi respecter l'ordre symbolique, quel que doive en être le prix. La puissance du film tient à cette concomitance tragique de deux dimensions : les existences contingentes des personnages et la loi supérieure de l'univers symbolique, dans lequel la culpabilité ne peut être éludée. Et une fois de plus, cette histoire de culpabilité est liée à l'incapacité de dormir.

Souvenons-nous aussi de ce qui se passe à la fin du *Facteur sonne toujours deux fois*. Le personnage principal, Frank, et son amante, Cora, ont tué le mari de celle-ci et maquillé le crime en un banal accident de voiture. S'en est suivie une chaîne complexe de chantages, de malentendus et d'erreurs le long de laquelle presque chaque personnage – jusqu'au chat – s'est retrouvé coupable d'un délit, plus ou moins grave, et la culpabilité a glissé ainsi sans cesse d'un personnage à l'autre. Cora a finalement menacé Frank de l'accuser du meurtre, en réponse à quoi il lui a avoué avoir pensé à la tuer. Puis, alors qu'ils nageaient en mer tous les deux, loin du bord, elle lui a dit ne plus se sentir la force de regagner la rive et que, s'il le souhaitait, il pouvait cette fois la laisser mourir sans risque pour lui. Mais il l'a aidée à nager jusqu'à la plage, lui démontrant son amour sans aucun doute possible. Ils ont ensuite repris la voiture pour revenir chez eux, fous de joie, s'embrassant en conduisant, et Frank a perdu le contrôle du véhicule, tuant Cora.

La justice prendra cet accident-ci pour un crime délibéré, et condamnera Frank à la peine de mort. Dans la scène finale, il supplie le prêtre venu à son chevet de lui dire s'il pense que Cora aurait pu croire qu'il avait provoqué l'accident exprès, dans l'intention de la tuer. Le procureur s'interpose et lui explique qu'il ferait mieux de prendre son sort comme une punition, non pour l'avoir tuée elle, mais pour avoir tué avec elle son mari – comme si justice des hommes et justice divine se trouvaient finalement accomplies ensemble. Frank, cette fois, peut accepter la sentence : plutôt qu'éluder sa culpabilité, il est enfin en mesure de l'assumer, et il peut accéder à son dernier sommeil sachant que la vérité est rétablie. Là où dans *Insomnia* cette vérité relevait des affaires humaines, dans le *Facteur* elle est plus abstraite, d'essence divine.

On en trouve un contre-exemple, en revanche, dans la présentation que donne l'anthropologue Margaret Mead des habitudes de sommeil à Bali[3]. Si elle trouvait là-bas, en revenant chez elle, ses employés de maison endormis, elle en décryptait le signe garanti qu'ils avaient dû faire une bêtise, perdre ou casser quelque chose. De même qu'au tribunal, on trouve souvent endormis sur leur banc ceux dont on s'apprête à annoncer la sentence, au moment du verdict solennel, et d'autant plus s'ils risquent gros. On a pu contester maints aspects du travail ethnologique de Margaret Mead, mais cette observation-là paraît pertinente, et de fait recoupe des conclusions similaires établies dans les années 1990. Elle voyait derrière ces drôles de siestes des fuites dans le sommeil, comme si dormir était le meilleur antidote à l'angoisse, à rebours du modèle américain qui est plutôt de traiter une situation difficile par la vigilance et l'attention redoublée.

Mais ne faudrait-il pas, ici, voir plutôt le sommeil comme ce qui a pour condition, précisément, la reconnaissance de sa propre culpabilité ? C'est grâce à sa prise en compte, et non à son refoulement, qu'on a droit au sommeil, comme l'attestent la douille dans *Insomnia* et l'aveu final dans *Le facteur sonne toujours deux fois*. C'est qu'il y a une sacrée différence entre le savoir silencieux de son crime ou de sa faute et son inscription dans l'espace social. L'expérience clinique prouve que, souvent, quelqu'un qui a commis un crime trouvera le sommeil non après son acte mais seulement après sa condamnation. C'est la reconnaissance sociale de la culpabilité qui a un effet sur le sommeil, et on peut se demander ce qu'il en est pour tous ceux qui ont commis un crime, mais ont ensuite réussi à éviter d'être capturés et jugés. Une deuxième infraction aura souvent lieu à partir de là, un crime de plus, comme s'il fallait tout faire pour accéder à la punition et, surtout, à la reconnaissance qu'elle suppose de sa propre culpabilité. On propose parfois aux détenus qui viennent de se voir signifier une sentence d'entamer un travail thérapeutique, mais il serait logique aussi de le proposer à ceux qui, eux, ont réussi à échapper à la justice.

Pourtant, je me demande jusqu'où peut vraiment aller, pour l'accueil et la reconnaissance de certaines formes de culpabilité, une thérapie individuelle par la parole. Elle a des effets, indiscutablement, en permettant de clarifier et de reconnaître la culpabilité là où elle a pu être refoulée, éludée ou forclose, mais il restera toujours la question de sa dimension publique, sociale. Jusqu'où peut aller une telle thérapie individuelle dans le cas, par exemple, d'un soldat racontant avoir tiré par erreur sur un civil désarmé dans un instant de panique, ou d'un médecin se souvenant d'avoir fait, plusieurs décennies plus tôt, une erreur grave qui a coûté la vie à son patient ? Ce genre de cas ne nécessite-t-il pas une certaine forme d'articulation qui aille au-delà de l'espace privé du cabinet de l'analyste ?

Il existe bien sûr des types d'espaces publics ou semi-publics qui le permettent, depuis un tribunal jusqu'au groupe de soutien, même s'ils sont alors souvent inaccessibles, au sens social ou géographique du terme. Là où la thérapie individuelle par la parole permet de mieux comprendre, de marquer, de repérer et parfois d'atténuer certaines formes de culpabilité, il en est d'autres qui exigent, pour ce faire, un autre type d'espace. Il ne s'agit pas seulement d'aveu, mais de tout un travail d'énonciation, de redéploiement, en dialogue avec d'autres. Admettre en soi ne suffit pas, et peut même être cohérent avec le crime ou la complicité de crime, ainsi que l'observait Martin Buber, dans des pages superbes, à propos de la confession de Stavroguine dans *Les Démons* de Dostoïevski : « Le contenu de la confession est vrai, mais c'est l'acte de la faire qui est factice », écrit Buber, si bien que Stavroguine « commet la confession comme il commet le crime[4] ».

Faut-il avoir la conscience claire pour espérer dormir ? Est-ce vraiment le seul moyen d'accéder au sommeil ? S'il est vrai que notre vie psychique inconsciente est pleine de sexualité et de violences que nous désavouerions si nous en étions conscients, alors il faut l'avouer : la perspective d'une bonne nuit de sommeil s'éloigne toujours plus. Ajoutez-y la culpabilité, mais aussi le besoin de punition inspiré par le sentiment inconscient d'une dette, et le tableau, décidément, n'est pas réjouissant. Le discours religieux n'est pas le seul responsable ici, tant il est vrai que nous sommes avec nous-mêmes des juges plus sévères encore, et que nous vivons dans une époque d'évaluation constante et impitoyable de tous par tous. Comme on l'a vu, l'inconscient s'accroche à ce que nous avons laissé inachevé, à tout ce que nous n'avons pas pu finir ou accomplir, et il le détourne au service de ses buts à lui. Dans ces conditions, on peut dire que dormir relève, de plus en plus, du miracle.

Tout cela jure un peu avec l'invention, relativement récente, du joli bloc de huit heures de sommeil d'une traite. En 2018, un dessin humoristique dans le *Guardian* imaginait l'apparition d'un nouveau diagnostic, celui du syndrome consistant à croire qu'on a bel et bien fait tout ce qu'on devait faire. Ceux qui en souffriraient penseraient qu'ils sont à la hauteur, qu'ils ont réussi à accomplir toutes les tâches requises d'eux et à cocher tout ce qui figurait sur leur longue liste de choses à faire. Une telle croyance serait à ce point déconnectée de la réalité qu'il fallait effectivement une nouvelle catégorie diagnostique pour la nommer. Les gens, bien sûr, dressent des listes de ce genre depuis plusieurs siècles au moins, mais le dessin en question exprimait très bien cette obligation partout assimilée de la demande incessante à satisfaire, cette obligation qu'a démultipliée notre société hyperconnectée, avec toute la pression et l'exaspération qu'elle génère au quotidien.

Impossible de déconnecter entièrement – et on nous demande pourtant de dormir paisiblement pendant huit heures, pour nous réveiller rafraîchis et pleins d'enthousiasme à l'idée du jour qui commence. Autant d'injonctions qu'il vaudrait mieux aborder avec prudence, en admettant ce qu'on pourra et ce qu'on ne pourra pas faire. Il en résulte, comme pour tant d'autres aspects de la vie moderne, un fossé grandissant entre ce que la norme nous commande de faire et la réalité de nos existences, un fossé dans lequel vont se glisser, pour son énorme potentiel de profits, tous ceux qui font métier d'améliorer le sommeil, par les médicaments ou les cures, les matelas dernier cri ou les applis de suivi nocturne, et tous les conseils cher payés que les nouveaux experts du sommeil vendent aux banques et aux grandes entreprises.

Et plus on insistera sur la nécessité d'un bloc de huit heures pour rester en bonne santé, plus se développeront les nouvelles pathologies du sommeil en tant que déviations par rapport à cette norme – et plus on fera pression, pour qu'ils dorment sainement, sur des individus dont la vie en réalité ne le permet pas. C'est en faisant du sommeil une tâche à accomplir qu'on le rend de moins en moins accessible, alors qu'il serait tellement plus utile de reconnaître que le sommeil cassé ou fractionné est la règle, en la matière, bien plus que l'exception. C'est peut-être mauvais pour la santé, mais insister pour qu'on vise un idéal du sommeil parfaitement inaccessible l'est en définitive tout autant. On mesure beaucoup de choses, mais pas ce qu'on ressent quand on fait tant d'efforts vers un sommeil qu'on n'obtient jamais, ni ce que produit au cœur de nos vies le sens de l'échec qui en résulte.

Pour dormir, on l'a vu, il faut arriver à se séparer des demandes que les autres nous adressent, à mettre à distance la fonction d'interpellation que contient le langage. Tandis qu'on glisse peu à peu dans le sommeil, on passe par des instants qui font ressortir cette fonction, pourtant, et nous réveillent soudain avec en tête des mots ou des images dénués de sens mais qui nous paraissent cruciaux, ou au contraire avec des mots et des images forts qui semblent n'avoir aucune incidence sur nous. Autrement dit, le langage, ici, soit nous requiert, soit nous libère. Puis en s'enfonçant plus avant dans cet espace transitoire, on arrive à dormir, pourvu que se prolonge notre déconnexion d'avec la fonction d'interpellation. Et en fin de compte, en se réveillant, on s'y reconnecte – au point que l'état de veille pourrait être défini comme simple disponibilité à l'interpellation. On pense à ces scènes innombrables de films ou de séries dans lesquelles quelqu'un ne répond pas à son nom, qu'il ait les yeux ouverts ou fermés, comme si dormir et ne pouvoir réagir à l'appel de son nom était finalement une seule et même chose.

Ce n'est pas un hasard si les électroencéphalogrammes à l'état d'éveil et pendant la phase REM de sommeil se ressemblent tant, puisque même en dormant on ne peut jamais neutraliser complètement l'interpellation. Les rêves nous y aident, en dissimulant et en encodant autrement les désirs, les rencontres traumatiques et les forces coercitives qui nous perturbent, et lorsque ce travail d'encodage échoue, nous menant alors au plus près de ce qui nous reste impensable, on se réveille. L'esprit, en tout cas, est toujours occupé pendant le sommeil, et on n'a qu'à peine commencé d'envisager, à ce stade de notre histoire, les opérations qui sont alors les siennes. Les diverses recherches qu'on a passées en revue montrent que le sommeil est tout sauf un état naturel ; il faut le construire, l'orchestrer, lui donner forme, soigneusement, et il reste toujours vulnérable, susceptible d'être ébranlé, écourté, interrompu.

On a vu l'importance pour le sommeil de tout ce qu'il y a de relations dans nos vies, mais peut-être justement que notre proximité avec les autres et leurs demandes font d'un sommeil parfait, et parfaitement apaisant, quelque chose qui en dernier ressort est incompatible avec la vie humaine. Tant de choses peuvent nous réveiller, et on pourrait aller jusqu'à dire que, sous une forme ou sous une autre, l'insomnie est le point de départ du sommeil ordinaire. Le langage et la pensée ne découchent pas, et l'entrelacs subtil de nos dépendances continue d'avoir sur nous ses effets, quelle que soit l'heure qui s'affiche sur l'écran. Si c'est le cas, on ferait vraiment mieux de changer nos attentes vis-à-vis du sommeil.

Il y a beaucoup de gens que la vieille idée du sommeil biphasique rassure : en cas de réveil au milieu de la nuit, ils ne commencent pas à paniquer de ne pas respecter la norme des huit heures. Ils comprennent qu'ils font simplement ce que les hommes ont fait pendant des siècles. Au lieu d'être obsédés par la meilleure façon de se rendormir, ils peuvent très bien choisir de passer éveillés leur prochain cycle de quatre-vingt-dix minutes, et ensuite ils piquent du nez et n'en dorment que mieux. Leur expérience de ce temps d'éveil dépendra bien sûr de l'histoire de chacun, sans qu'aucun instrument de mesure ou montre connectée puisse nous le dire, mais seuls les mots de l'intéressé. L'insomnie, comme on l'a souvent répété, n'est pas un manque de sommeil mais la *plainte* d'un manque de sommeil, et les insomniaques, dès lors, sont des gens qu'il faut écouter.

Mais si le modèle biphasique a un côté libérateur, en dénouant les chaînes du sommeil d'une seule traite, il n'en faut pas moins se méfier de tout ce qui associe le sommeil et l'émancipation. Est-ce vraiment un hasard si un patient en analyse mentionne toujours tellement tard, si même il le fait, ses problèmes de sommeil ? Et, comme le décrivent les insomniaques, le temps qu'on passe éveillé sur son lit ne renvoie-t-il pas à une punition, et à cette culpabilité inconsciente qui trouve ses relais dans les corvées, les obligations mais aussi les interactions qu'on a échoué à accomplir au fil de nos journées ?

Ce n'est pas parce que le sommeil biphasique a été la coutume pendant si longtemps, et qu'il a sûrement précédé dans l'histoire l'exigence du sommeil d'une seule traite, qu'il serait lui aussi un état naturel. Au lieu d'y voir le socle biologique immuable de nos cycles de sommeil, n'est-il pas déjà l'indice d'un clivage de la subjectivité humaine ? Ce qui rompt le sommeil n'est-il pas, plutôt que ces histoires de rythme naturel, l'écharde plus douloureuse de la culpabilité et de la dette sur laquelle les écrivains, depuis l'origine de la littérature, ont toujours planté l'univers de l'insomnie ? Peut-être que l'heure de « veille » du sommeil biphasique a toujours été, elle aussi, un symptôme de culpabilité, et que c'est là ce qui nous tient en éveil, en fin de compte, quoi qu'il arrive, sans qu'aucun somnifère puisse jamais la supprimer.

Notes

Introduction. Sommeil à vendre

1. Sigmund Freud, *L'Interprétation du rêve* (1899), *Œuvres complètes*, Paris, PUF, 2003, vol. 4.

2. Voir Herman Regelsberger, *Das Problem des Schlafes*, Berlin, Springer, 1933 ; Ulrich Ebbecke, « Physiologie des Schlafes », *in* L. Adler *et al.*, *Handbuch der normalen und pathologischen Physiologie*, vol. 17, Berlin, Springer, 1926 ; Paul Chauchard, *Le Sommeil et les états de sommeil*, Paris, Flammarion, 1947 ; Otto Marburg, *Der Schlaf*, Berlin, Springer, 1928 ; et Otto Pötzl, « Der Schlaf als Behandlungsproblem », in D. Sarason (sous la dir. de), *Der Schlaf*, Munich, Lehmann, 1929.

3. Voir Patrick Sisson, « The science (and business) of sleep », *Curbed*, 6 octobre 2016.

4. Voir Ian Oswald, *Le Sommeil et la Veille*, Paris, PUF, 1966.

5. Voir Robert Aronowitz, *Making sense of illness*, Cambridge University Press, 1998.

6. Voir Dagfinn Aune *et al.*, « Fruit and vegetable intake and the risk of cardiovascular disease, total cancer and all-cause mortality, A systematic review and dose-response meta-analysis of prospective studies », *International Journal of epidemiology*, 46, 2017.

7. Andrew Boorde, « A compendyous regyment or a dyetary of

helthe » (1542), in H. J. Deverson (sous la dir. de), *Journey into night*, Londres, Leslie Frewin, 1966, p. 173.

8. Jon Mooallem, « The sleep-industrial complex », *New York Times Magazine*, 18 novembre 2007.

9. William Dement, *Some must watch while some must sleep*, San Francisco, Freeman, 1972, p. 4.

10. Robert McGraw, John Oliven, « Miscellaneous therapies », in Silvano Arieti (sous la dir. de), *American Handbook of psychiatry*, 2, New York, Basic Books, 1959.

11. Matthew Wolf-Meyer, *The Slumbering Masses*, University of Minnesota Press, 2012, p. 147.

1. Perdre le sommeil

1. Voir Kenton Kroker, *The Sleep of others and the Transformations of sleep research*, University of Toronto Press, 2007. Sur l'essor de l'apnée, voir *ibid.*, et Tiago Moreira, « Sleep, health and the dynamics of biomedicine », *Social Science and Medicine*, 63, 2006.

2. Comparer Gay Luce et Julius Segal, *Insomnia*, New York, Doubleday, en 1966, et Dieter Riemann *et al.*, « European guideline for the diagnosis and treatment of insomnia », *Journal of sleep research*, 26, en 2017.

3. Kroker, *op. cit.*

4. Sur le sommeil d'une traite, voir A. Roger Ekirch, *At day's close*, New York, Norton, 2005 ; Benjamin Reiss, *Wild Nights*, New York, Basic Books, 2017 ; et Wolf-Meyer, *op. cit.*

5. Nathaniel Kleitman, *Sleep and Wakefulness as alternating phases in the cycle of existence*, University of Chicago Press, 1939. Sur l'expérience avec la viande, voir Nathaniel Kleitman, Theodore Engelmann, « Sleep characteristics of infants », *Journal of applied physiology*, 6, 1953.

6. Eyal Ben-Ari, « Sleep and night-time combat in contemporary armed forces », *in* Brigitte Steger, Lodewijk Brunt (sous la dir. de), *Night-Time and Sleep in Asia and the West*, Londres, Routledge, 2003.

7. Sur la surestimation, voir Isabelle Rioux *et al.*, « Time estimation in chronic insomnia sufferers », *Sleep*, 29, 2006 ; et C. S. Fichten *et al.*, « Time estimation in good and poor sleepers », *Journal of behavioral medicine*, 28, 2005.

8. Gayle Green, *Insomniac*, University of California Press, 2008.

9. Bernd Feige *et al.*, « The microstructure of sleep in primary insomnia », *International Journal of psychophysiology*, 89, 2013.

10. Peter Stearns *et al.*, « Children's sleep, Sketching historical change », *Journal of social history*, 30, 1996.

11. Thomas Anders, Pearl Weinstein, « Sleep and its disorders in infants and children, A review », in Stella Chess, Alexander Thomas (sous la dir. de), *Annual Progress in child psychiatry and child development 1973*, New York, Brunner/Mazel, 1974.

12. Voir Matthew Walker, *Pourquoi nous dormons*, tr. fr. Pauline Soulat, Paris, La Découverte, 2018.

13. Voir Steven Lockley, Russell Foster, *Sleep*, Oxford University Press, 2012, p. 91. Des données aujourd'hui remises en question par Rachel Carey et Kiran Sarma, « Impact of daylight saving time on road traffic collision risk, A systematic review », *BMJ Open*, 7, 2017.

2. Un sommeil ou deux ?

1. Voir E. P. Thompson, « Time, work-discipline and industrial capitalism », *Past & Present*, 38, 1967 ; Vanessa Ogle, *The Global Transformation of time, 1870-1950*, Harvard University Press, 2015.

2. Walter Benjamin, « Le concept d'histoire », *Œuvres*, vol. 3, tr. fr. Olivier Mannoni, Paris, Gallimard, 2000.

3. Voir Russell Foster, Leon Kreitzman, *Rhythms of life*, Londres, Profile, 2004. Sur ces emplois du temps, voir Wolf-Meyer, *op. cit.*, p. 165.

4. Voir Ekirch, *op. cit.*, et Craig Koslofsky, *Evening's Empire, A history of the night in early modern Europe*, Cambridge University Press, 2011.

5. Ekirch, *op. cit.*, et « The modernization of western sleep, Or, does insomnia have a history ? », *Past & Present*, 226, 2015.

6. Voir Sasha Handley, *Sleep in early modern England*, Yale University Press, 2016, p. 151.

7. Thomas Wehr, « In short photoperiods, human sleep is biphasic », *Journal of sleep research*, 1, 1992. Voir la discussion de cette controverse in Reiss, *op. cit.*

3. Éteindre

1. Voir Paul Glennie, Nigel Thrift, *Shaping the day, A history of timekeeping in England and Wales 1300-1800*, Oxford University Press, 2009, et sa critique par Jonathan Martineau, « Making sense of the history of clock time, reflections on Glennie and Thrift's *Shaping the day* », *Time & Society*, 26, 2017.

2. Jonathan Crary, *24/7, Le capitalisme à l'assaut du sommeil*, tr. fr. Grégoire Chamayou, Paris, La Découverte, 2016. Sur les heures standardisées, voir V. Ogle, *op. cit.*, et Kevin Birth, « Time and the biological consequences of globalization », *Current Anthropology*, 48, 2007.

3. Henry Ford, *L'Autobiographie, tout est possible*, Paris, Payot, 1924.

4. Voir B. Steger, L. Brunt (sous la dir. de), *op. cit.*

5. Voir Brigitte Steger, « Negotiating sleep patterns in Japan », in *ibid.*, et Simon Williams *et al.*, « Medicalisation or customisation ? Sleep, enterprise and enhancement in the 24/7 society », *Social Science and Medicine*, 79, 2013.

6. Voir Margaret Wise Brown et Clement Hurd, *Goodnight Moon*, New York, Harper, 1947 ; *Bonsoir Lune*, Paris, L'École des loisirs, 1981, pour l'édition française.

7. Voir par exemple First Psychology Scotland, *The Impact of technology on work/Life balance and wellbeing*, Édimbourg, 2015 ; Judy Wajcman *et al.*, « Families without borders, Mobile phone connectedness and work-home divisions », *Sociology*, 42, 2008 ; Judy Wajcman *et*

al., « The impact of the mobile phone on work/life balance », *AMTA*, juin 2007.

8. Erving Goffman, *Asiles, Études sur la condition sociale des malades mentaux et autres reclus*, Paris, Minuit, 1968.

4. Éviter la complexité

1. Chloe Aridjis, « Insomnia begins in the cradle, Creating a narrative », communication au congrès CFAR, Londres, 8 juillet 2017.

2. Ernest Hartmann, *The Sleeping Pill*, Yale University Press, 1978, p. 1. M. Walker, *op. cit.*

3. Ruth Leys, « How did fear become a scientific object and what kind of object is it ? », *Representations*, 110, 2010 et *From guilt to shame, Auschwitz and after*, Princeton University Press, 2007, p. 142.

4. Voir Nikolas Rose, *Governing the Soul*, Londres, Routledge, 1990.

5. Gay Luce et Julius Segal, *L'Insomnie*, Culture plus, 1972.

6. Voir M. Walker, *op. cit.*

5. Qu'est-ce que le sommeil ?

1. Frances Deri, « Symposium on neurotic disturbances of sleep », *International Journal of psychoanalysis*, 23, 1942.

2. Voir Ekirch, « The modernization of western sleep, Or, does insomnia have a history ? », art. cit. ; Eluned Summers-Bremner, *Insomnia, A cultural history*, Londres, Reaktion Books, 2008 ; et Lee Scrivner, *Becoming insomniac*, New York, Palgrave Macmillan, 2014.

3. *British Medical Journal*, septembre 1894, p. 719 cité in Karen Beth Strovas, « The vampire's night light, Artificial light, hypnagogia and quality of sleep in *Dracula* », *Critical survey*, 27, 2015.

4. Georgia Byng, Hampstead Theatre, Londres, 18 mars 2018.

5. Édouard Claparède, « Esquisse d'une théorie biologique du sommeil », *Archives de psychologie*, 4, 1905. Voir aussi Henri Piéron, *Le Problème physiologique du sommeil*, Paris, Masson, 1913 ; R. D. Gillespie, *Sleep and the Treatment of its disorders*, Londres, Baillière, Tindall & Cox, 1929.

6. Voir M. R. Opp, « Cytokines and sleep », *Sleep Medicine Reviews*, 9, 2005 ; M. R. Opp, J. M. Krueger, « Sleep and immunity, A growing field with clinical impact », *Brain, Behavior, and Immunity*, 47, 2015 ; Sarah Geiger *et al.*, « Chrono-immunology, Progress and challenges in understanding links between the circadian and immune systems », *Immunology*, 146, 2015 ; Brice Faraut *et al.*, « Immune, inflammatory and cardiovascular consequences of sleep restriction and recovery », *Sleep Medicine Reviews*, 16, 2012.

7. Eugene Aserinsky, « The discovery of REM sleep », *Journal of the history of the neurosciences*, 5, 1996. Aserinsky doutait que d'autres chercheurs avant lui aient pu découvrir le sommeil REM, expliquant qu'ils avaient dû observer des mouvements oculaires lents et non rapides. Il cite l'article de 1892 de George Trumbull Ladd, « Contribution to the Psychology of Visual Dreams », *Mind*, 1, 1892, où il est écrit que « les globes oculaires bougent en douceur à l'intérieur des orbites », alors que Ladd est plutôt explicite quant à l'existence de mouvements rapides, et il fait même déjà, dans cet article, l'hypothèse du balayage oculaire. Edmund Jacobson, dans *You can sleep well* (New York, Whittlesey House, 1938, p. 264), explique que c'est le mouvement oculaire qui signale un rêve et qu'un électroencéphalogramme peut le détecter, distinguant lui aussi deux types de sommeil. Oswald, *op. cit.* ; David Metcalf *et al.*, « Ontogenesis of spontaneous K-complexes », *Psychophysiology*, 8, 1971 ; C. H. Bastien *et al.*, « EEG characteristics prior to and following the evoked K-complex », *Canadian Journal of experimental psychology*, 54, 2000 ; Birendra Mallick et Shojiro Inoué (sous la dir. de), *Rapid Eye Movement Sleep*, New York, Marcel Dekker, 1999.

8. Voir Carole Marcus *et al.*, *Sleep in children*, 2e éd., New York, Informa, 2008.

9. Giuseppe Moruzzi, Horace Magoun, « Brain stem reticular formation and activation of the EEG », *Electroencephalography and Clinical Neurophysiology*, 1, 1949 ; Wilse Webb (sous la dir. de), *Sleep : An Active Process*, Glenview, Ill, Scott, Foresman and Company, 1973.

10. Eugene Aserinsky, Nathaniel Kleitman, « Regularly occurring periods of eye motility, and concomitant phenomena, during sleep », *Science*, 118, 1953.

11. Dement, *op. cit.*, p. 25.

12. Zelda Teplitz, « An electroencephalographic study of dreams and sleep », mémoire de maîtrise, université de Chicago, 1943.

13. Voir Kroker, *op. cit.*, p. 286.

14. Voir Louise Whiteley, « Resisting the revelatory scanner ?, Critical engagements with fMRI in popular media », *BioSocieties*, 7, 2012 ; Sarah de Rijcke, Anne Beaulieu, « Networked neuroscience, Brain scans and visual knowing at the intersection of atlases and databases », *in* Catelijne Coopmans *et al.*, *Representation in scientific practice revisited*, Cambridge (Mass.), MIT Press, 2014 ; Anne Beaulieu, « Images are not the (only) truth. Brain mapping, visual knowledge and iconoclasm », *Science, Technology & Human Values*, 27, 2002 ; Kelly Joyce, *Magnetic Appeal : MRI and the myth of transparency*, Cornell University Press, 2008.

6. Sommeil et mémoire

1. Voir M. P. Denisova, N. L. Figurin, « Periodic occurrences in the sleep of children », *New Work in reflexology and physiology of the nervous system*, vol. 2, State Psychoneurological Academy and State Reflexology Institute of Brain Research, Leningrad, 1926.

2. Voir G. E. Müller, A. Pilzecker, « Experimentelle Beiträge zur Lehre vom Gedächtniss », *Zeitschrift für Psychologie und Psychologie der Sinnesorgane*, supplément 1, Leipzig, Barth, 1900.

3. Comparer Walker, *op. cit.*, avec les conclusions plus mesurées in Larry Squire *et al.*, « Memory consolidation », *Cold Spring Harbor*

Perspectives in biology, 7, 2015, et H. Freyja Ólafsdóttir *et al.*, « The role of hippocampal replay in memory and planning », *Current Biology*, 28, 2018, R37-R50. Voir aussi Robert Vertes, Kathleen Eastman, « The case against memory consolidation in REM sleep », *Behavioral and Brain Sciences,* 23, 2000 ; Robert Vertes, J. M. Siegel, « Time for the sleep community to take a critical look at the purported role of sleep in memory processing », *Sleep*, 28, 2005 ; Marcos Frank, Joel Benington, « The role of sleep in memory consolidation and brain plasticity : dream or reality ? », *The Neuroscientist*, 12, 2006.

4. Jocelyn Small, *Wax Tablets of the mind, Cognitive studies of memory and literacy in classical Antiquity*, Londres, Routledge, 1997 ; Frances Yates, *L'Art de la mémoire*, tr. fr. Daniel Arasse, Paris, Gallimard, 1987. Voir aussi Claudia Infurchia, *La Mémoire entre neurosciences et psychanalyse*, Toulouse, Érès, 2014.

5. R. Leys, *From guilt to shame, op. cit.*

6. Primo Levi, *Les Naufragés et les Rescapés. Quarante ans après Auschwitz*, tr. fr. André Maugé, Paris, Gallimard, 1989, cité *in* Leys, *From guilt to shame*, *op. cit.*

7. Walker, *op. cit.*

8. Voir Frederic Bartlett, *Remembering*, Cambridge University Press, 1932.

9. Leslie Dwyer, Degung Santikarma, « Posttraumatic politics, Violence, memory and biomedical discourse in Bali », *in* Laurence Kirmayer *et al.*, *Understanding trauma*, Cambridge University Press, 2007.

10. Voir Francis Crick, Graeme Mitchison, « The function of dream sleep », *Nature*, 304, 1983 ; M. Walker, *op. cit.* ; G. Tononi, C. Cirelli, « Sleep and the price of plasticity », *Neuron*, 81, 2014.

11. M. Walker, *op. cit.*

7. Sommeil et traumatisme

1. Herman Witkin, Helen Lewis, « The relation of experimentally induced presleep experiences to dreams », *Journal of the American*

Psychoanalytic Association, 13, 1965, et « Presleep experiences and dreams », *in* Herman Witkin, Helen Lewis (dir.), *Experimental Studies of dreaming*, New York, Random House, 1967.

2. Voir Dwyer et Santikarma, « Posttraumatic politics », art. cit.

3. Voir K. C. Hyams *et al.*, « War syndromes and their evaluation, from the US Civil War to the Persian Gulf War », *Annals of internal medicine*, 125, 1996 ; Ruth Leys, *Trauma, A genealogy*, University of Chicago Press, 2000 ; Allan Young, *The Harmony of illusions, Inventing post-traumatic stress disorder*, Princeton University Press, 1995.

4. Voir R. J. McNally *et al.*, « Psychophysiological responding during script-driven imagery in people reporting abduction by space aliens », *Psychological Science*, 15, 2004.

5. Voir Darian Leader, *Au-delà de la dépression. Deuil et mélancolie aujourd'hui*, Payot, 2010.

6. On peut entendre l'histoire de Joseph Robertson sur StoryCorps Oral History Project, sur YouTube.

7. Voir M.-C. Saglio-Yatzimirsky, *La Voix de ceux qui crient. Rencontre avec des demandeurs d'asile*, Albin Michel, 2018.

8. Voir P. Lavie, H. Kaminer, « Dreams that poison sleep, Dreaming in Holocaust survivors », *Dreaming*, 1, 1991.

9. Voir Hugo Schwerdtner, Minutes de la Société psychanalytique de Vienne, séance du 23 octobre 1907, in *Les Premiers Psychanalystes, Minutes de la Société psychanalytique de Vienne*, I, 1906-1908, trad. N. Schwab-Bakman, Paris, Gallimard, 1976.

8. Rêver

1. Walter Dement, Nathaniel Kleitman, « The relation of eye movements during sleep to dream activity, An objective method for the study of dreaming », *Journal of experimental psychology*, 53, 1957 ; L. Jacobs *et al.*, « Are the eye movements of dreaming sleep related to the visual images of dreams ? », *Psychophysiology*, 9, 1972 ; John

Herman *et al.*, « Evidence for a directional correspondence between eye movements and dream imagery in REM sleep », *Sleep*, 7, 1984.

2. Dement, *op. cit.*

3. Voir S. N. Graven, J. V. Browne, « Sleep and brain development. The critical role of sleep in fetal and early neonatal brain development », *Newborn and Infant Nursing Reviews*, 8, 2008.

4. Susan Weiner, Howard Ehrlichman, « Ocular motility and cognitive process », *Cognition*, 4, 1976. Sur la tentative de suppression, voir J. Antrobus *et al.*, « Eye movements accompanying daydreaming, visual imagery, and thought suppression », *Journal of abnormal psychology*, 69, 1964.

5. Voir Donald Goodenough, « Dream recall, History and current status of the field », *in* Arthur Arkin *et al.*, *The Mind in sleep*, Hillsdale, Lawrence Erlbaum, 1978 ; John Herman *et al.*, « The problem of NREM dream recall re-examined », in *ibid.* ; Edward Wolpert, « Two classes of factors affecting dream recall », *Journal of the American Psychoanalytic Association*, 20, 1972 ; et les commentaires *in* Milton Kramer, *The Dream Experience*, New York, Routledge, 2012.

6. Voir Allan Rechtschaffen, Paul Verdone, « Amount of dreaming, Effect of incentive, adaptation to laboratory, and individual differences », *Perceptual and Motor Skills*, 19, 1964.

7. Voir Tore Nielsen, « A review of mentation in REM and NREM sleep, « Covert » REM sleep as a possible reconciliation of two opposing models », *in* Edward Pace-Schott *et al.*, *Sleep and Dreaming*, Cambridge University Press, 2003. Joe Kamiya aurait étudié la phase REM sur fond de mouvements oculaires lents, in « Slow and rapid eye movements during Stage 1 sleep », *Association for the psychophysiological study of sleep*, 1963 (non publié). Quand il a fallu mesurer à partir des phases REM, le sens même de l'activité de rêver a dû évoluer, comme l'a noté W. Dement : « Psychophysiology of sleep and dreams », *in* Silvano Arieti (sous la dir. de), *American Handbook of psychiatry*, 3, New York, Basic Books, 1966.

8. Voir Donald Goodenough, « Some recent studies of dream recall », *in* H. Witkin et H. Lewis (sous la dir. de), *op. cit.* ; Arthur

Shapiro *et al.*, « Gradual arousal from sleep, A determinant of thinking reports », *Psychosomatic Medicine*, 27, 1965.

9. Voir M. A. Pessah, H. P. Roffwarg, « Spontaneous middle ear muscle activity in man, A rapid eye movement sleep phenomenon », *Science*, 178, 1972 ; et H. Roffwarg *et al.*, « The middle ear muscles, Predictability of their phasic activity in REM sleep from dream material », *Sleep Research*, 4, 1975, p. 165.

10. Voir Allan Rechtschaffen *et al.*, « Interrelatedness of mental activity during sleep », *Archives of general psychiatry*, 9, 1963.

11. Voir Arthur Arkin *et al.*, « Post-hypnotically stimulated sleep-talking », *Journal of nervous and mental disease*, 142, 1966.

12. David Foulkes, « Dream reports from different stages of sleep », *Journal of abnormal and social psychology*, 65, 1962 ; et les commentaires *in* David Foulkes, « Dream Research, 1953-1993 », *Sleep*, 19, 1996.

13. Corrado Cavallero *et al.*, « Slow wave sleep dreaming », *Sleep*, 15, 1992. R. T. Pivik, « Tonic states and phasic events in relation to sleep mentation », *in* Arkin *et al.*, *op. cit.*

14. Sur la relation entre phases REM et NREM, voir la discussion significative *in* Joel Benington, « Why we believe what we believe about REM-sleep regulation », *in* B. Mallick et S. Inoué (dir.), *op. cit.*

15. Voir Oswald, *op. cit.*

16. Voir Morton Reiser, « Reflections on interpretation of psychophysiologic experiments », *Psychosomatic Medicine*, 23, 1961.

17. Dement et Kleitman ont décrit des mouvements des doigts dans leur rapport initial : « Cyclic variations of EEG during sleep and their relation to eye movements, body motility, and dreaming », *Electroencephalography and Clinical Neurophysiology*, 9, 1957, et on peut enregistrer encore beaucoup plus d'activité en affinant les techniques de mesure.

18. Voir Bill Baldridge *et al.*, « The concurrence of fine muscle activity and rapid eye movements during sleep », *Psychosomatic Medicine*, 27, 1965. Jacobson, *op. cit.*, a utilisé le voltage et l'activité des muscles du bras pour repérer le rêve (p. 199 et 264).

19. Voir I. Oswald, *op. cit.*

20. Sur la phase REM manquée, voir par exemple L. Palm *et al.*, « Sleep and wakefulness in normal preadolescent children », *Sleep*, 12, 1989, et I. Karacan *et al.*, « Erection cycle during sleep in relation to dream anxiety », *Archives of general psychiatry*, 15, 1966.

21. Voir Thomas Anders, « An overview of recent sleep and dream research », *Psychoanalysis and Contemporary Science*, 3, 1974.

9. Les rêves et Freud

1. Sigmund Freud, *L'Interprétation du rêve* (1899), *Œuvres complètes*, Paris, PUF, 2003, vol. 4.

2. Voir Pierre Bruno, *Qu'est-ce que rêver ?*, Toulouse, Érès, 2017. Voir aussi le passage en revue du travail analytique sur les rêves *in* M. Kramer, *op. cit.*

3. Ancel Keys *et al.*, *The Biology of human starvation*, University of Minnesota Press, 1950.

4. Freud, *L'Interprétation du rêve*, *op. cit.*, vol. 4.

5. W. Dement, *op. cit.*, p. 53.

6. Freud, *L'Interprétation du rêve*, *op. cit.*, vol. 4.

7. Walker, *op. cit.*

8. Sigmund Freud, « Remarques sur la théorie et la pratique de l'interprétation du rêve » (1923), in *Œuvres complètes*, Paris, PUF, 2003, vol. 16.

9. Voir Edmund Bergler, « An enquiry into the « material phenomenon » », *International Journal of psychoanalysis*, 16, 1935.

10. Jacques Lacan, *Le Séminaire. Livre XI, Les Quatre concepts fondamentaux de la psychanalyse* (1964), éd. J.-A. Miller, Paris, Seuil, 1973.

11. Lawrence Kubie, « The concept of dream deprivation, A critical analysis », *Psychosomatic Medicine*, 24, 1962 ; Lawrence Kubie, *in* Heinz von Foerster (sous la dir. de), *Cybernetics, Transactions of the*

eighth conference, march 15-16, 1951, New York, Josiah Macy, Jr. Foundation, 1952, p. 94.

12. Voir Ekkehard Othmer *et al.*, « Encephalic cycles during sleep and wakefulness in humans, A 24 hour pattern », *Science*, 164, 1969 ; Gordon Globus, « Rapid eye movement cycle in real time », *Archives of general psychiatry*, 15, 1966.

13. Voir H. von Foerster (sous la dir. de), *op. cit.*, p. 92.

14. Voir A. Fuchs, F. C. Wu, « Sleep with half-open eyes (physiologic lagophthalmus) », *American Journal of ophthalmology*, 31, 1948.

15. Voir Oswald, *op. cit.*

16. Voir David Foulkes, S. Fleischer, « Mental activity in relaxed wakefulness », *Journal of abnormal psychology*, 84, 1975.

17. Voir Martin Grotjahn, « The process of awakening », *The Psychoanalytic Review*, 29, 1942.

18. Viktor Frankl, *Découvrir un sens à sa vie avec la logothérapie*, Paris, J'ai lu, 2013.

10. Sommeil et langage

1. Voir John Cosnett, « Charles Dickens and sleep disorders », *The Dickensian*, 93, 1997 ; et Scrivner, *op. cit.*, p. 115.

2. Joseph Collins, *Sleep and the Sleepless*, New York, Sturgis & Walton, 1912.

3. Vincent Dachy, voir Buster V. Dachy, *The Crumpled Envelope*, Londres, Ma Bibliothèque, 2017.

4. Darian Leader, « The voice as psychoanalytic object », *Analysis*, 12, 2003 ; *Qu'est-ce que la folie ?*, tr. fr. Cécile Birks, Paris, Stilus, 2017.

5. Voir Eugen Kogon, *The Theory and Practice of Hell*, New York, Farrar, Straus and Cudahy, 1950, p. 78.

6. Ruth Weir, *Language in the crib*, La Haye, Mouton, 1962.

7. Sigmund Freud, *Conférences d'introduction à la psychanalyse* (1915-1917), Paris, Gallimard, 1999.

8. Jan Linschoten, « On falling asleep » (1952), *in* J. J. Kockelmans

(sous la dir. de), *Phenomenological Psychology*, vol. 103, Dordrecht, Springer, 1987.

9. Voir Andreas Mavromatis, *Hypnagogia*, Londres, Routledge & Kegan Paul, 1987.

10. Voir Emil Froeschels, « A peculiar intermediary state between waking and sleep », *Journal of clinical psychopathology*, 7, 1946.

11. Voir H. Fischgold, S. Safar, « États de demi-sommeil et images hypnagogiques », *in* Pierre Wertheimer (sous la dir. de), *Rêve et conscience*, Paris, PUF, 1968 ; Robert Ogilvie, « The process of falling asleep », *Sleep Medicine Reviews*, 5, 2001.

11. Apprendre à dormir

1. Maurice Merleau-Ponty, *Phénoménologie de la perception* (1945), Paris, Gallimard, 1976, p. 191, cité par Simon Williams, *Sleep and Society*, Londres, Routledge, 2005, p. 69.

2. Voir M. Mirmiran, S. Lunshof, « Perinatal development of human circadian rhythms », *Progress in brain research*, 111, 1996 ; S. Lunshof *et al.*, « Fetal and maternal diurnal rhythms during the third trimester of normal pregnancy, Outcomes of computerized analysis of continuous 24-hour fetal heart rate recordings », *American Journal of obstetrics and gynecology*, 178, 1998.

3. Voir par exemple K. Nishihara *et al.*, « The development of infants'circadian rest-activity rhythm and mothers'rhythm », *Physiology & Behavior*, 77, 2002 ; S. Y. Tsai *et al.*, « Mother-infant activity synchrony as a correlate of the emergence of circadian rhythm », *Biological Research for nursing*, 13, 2011 ; Karen Thomas *et al.*, « Maternal and infant activity, Analytic approaches for the study of circadian rhythm », *Infant Behavior & Development*, 41, 2015.

4. Voir B. L. Goodlin-Jones *et al.*, « Night waking, sleep-wake organization, and self-soothing in the first year of life », *Journal of developmental and behavioral pediatrics*, 22, 2001 ; L. Tikotzky et A. Sadeh, « Sleep patterns and sleep disruptions in kindergarten children », *Jour-*

nal of clinical child psychology, 30, 2001. Voir aussi Kleitman et Engelmann, « Sleep characteristics of infants », art. cit. ; Theodor Hellbrügge, « Ontogénèse des rythmes circardiens chez l'enfant », *in* Julian de Ajuriaguerra (sous la dir. de), *Cycles biologiques et Psychiatrie*, Genève, Georg, 1968 ; « The development of circadian rhythms in infants », *Cold Spring Harbor Symposia on quantitative biology*, 25, 1960 ; « The development of circadian and ultradian rhythms of premature and full-term infants », *in* Lawrence Scheving *et al.*, *Chronobiology*, Tokyo, Shoin, 1974 ; Claire Beugnet-Lambert, « Les rythmes de l'enfant de la naissance à l'adolescence », *in* Pierre Leconte *et al.*, *Chronopsychologie, Rythmes et activités humaines*, Presses universitaires de Lille, 1988 ; S. Coons, C. Guilleminault, « Development of sleep-wake patterns and non-rapid eye movement sleep stages during the first six months of life in normal infants », *Pediatrics*, 69, 1982.

5. Voir Eugene Aserinsky, Nathaniel Kleitman, « A motility cycle in sleeping infants as manifested by ocular and gross bodily activity », *Journal of applied physiology*, 8, 1955.

6. Voir Nathaniel Kleitman, « Basic rest-activity cycle, 22 years later », *Sleep*, 5, 1982.

7. T. Hellbrügge, art. cit. ; voir *supra*, note 4.

8. Sanford Gifford, « Sleep, time, and the early ego », *Journal of the American Psychoanalytic Association*, 8, 1960 ; « The prisoner of time », *Annual of psychoanalysis*, 8, 1980.

9. Voir T. Moore, L. Ucko, « Night waking in early infancy, Part I », *Archives of disease in childhood*, 32, 1957.

10. Voir Marshall Haith *et al.*, « Expectation and anticipation of dynamic visual events by 3.5-month-old babies », *Child Development*, 59, 1988.

11. René Spitz, « Some early prototypes of ego defenses », *Journal of the American Psychoanalytic Association*, 9, 1961 ; R. Spitz *et al.*, « Further prototypes of ego formation », *Psychoanalytic Study of the child*, 25, 1970 ; R. Spitz, « Relevancy of direct infant observation », *Psychoanalytic Study of the child*, 5, 1950.

12. Voir Joan Lynch, Eugene Aserinsky, « Developmental changes

of oculomotor characteristics in infants when awake and in the « active state of sleep » », *Behavioural and Brain Research*, 20, 1986 ; et E. Aserinsky *et al.*, « Comparison of eye motion in wakefulness and REM sleep », *Psychophysiology*, 22, 1985.

13. Voir A. Kahn, *et al.*, « Sleep characteristics and sleep deprivation in infants, children and adolescents », in *WHO Technical Meeting on sleep and health*, Bonn, WHO Regional Office for Europe, 2004.

14. Voir Robert Debré, Alice Doumic, *Le Sommeil de l'enfant*, Paris, PUF, 1959, p. 77.

15. Voir Naomi Ragins, Joseph Schachter, « A study of sleep behavior in two-year-old children », *Journal of the American Academy of child psychiatry*, 10, 1971.

16. Voir R. E. Scantlebury *et al.*, « The effect of normal and hypnotically induced dreams on the gastric hunger movements of man », *Journal of applied psychology*, 26, 1942. Roy Whitman, « Remembering and forgetting dreams in psychoanalysis », *Journal of the American Psychoanalytic Association*, 11, 1963 ; Whitman *et al.*, « The physiology, psychology, and utilization of dreams », *American Journal of psychiatry*, 124, 1967.

17. Voir Dement, *op. cit.*, p. 65.

18. Jacques Lacan, *Le Séminaire. Livre IV, La Relation d'objet* (1956-1957), éd. J.-A. Miller, Paris, Seuil, 1994.

19. Hartmann, *op. cit.*, p. 132.

20. Ronald Harper *et al.*, « Effects of feeding on state and cardiac regulation in the infant », *Developmental Psychobiology*, 10, 1977. Voir aussi Leconte *et al.*, *op. cit.* Pour un point de vue opposé, voir P. Salzarulo *et al.*, « Sleep patterns in infants under continuous feeding from birth », *Electroencephalography and Clinical Neurophysiology*, 49, 1980.

21. Voir Avi Sadeh, *Sleeping like a baby*, Yale University Press, 2001, p. 65.

22. Voir R. Emde *et al.*, « Stress and neonatal sleep », *Psychosomatic Medicine*, 33, 1971.

23. Voir Christina Hardyment, *Dream Babies : Child care from Locke to Spock*, Londres, Cape, 1983.

24. Voir Tom Harrisson, « Obscure nervous effects of air raids », *British Medical Journal*, avril 1941.

25. Oswald, *op. cit.*

26. Voir Nikolaas Tinbergen, *The Study of instinct*, 2e édition, Oxford, Clarendon Press, 1969, p. 210.

27. Spitz *et al.*, « Further prototypes of ego formation », art. cit.

12. Se réveiller

1. Voir Oskar Jenni, Bonnie O'Connor, « Children's sleep, An interplay between culture and biology », *Pediatrics*, 115, 2005 ; Stearns *et al.*, « Children's sleep, Sketching historical change », art. cit.

2. Anna Freud, *Le Normal et le Pathologique chez l'enfant*, Paris, Gallimard, 1968.

3. Isabel Paret, « Night waking and its relation to mother-infant interactions in nine-month-old infants », *in* Justin Call *et al.*, *Frontiers of infant psychiatry*, New York, Basic Books, 1983 ; M. M. Burnham *et al.*, « Night-time sleep-wake patterns and self-soothing from birth to one year of age, A longitudinal intervention study », *Journal of child psychology and psychiatry*, 43, 2002.

4. Mark Kanzer, « The communicative function of the dream », *International Journal of psychoanalysis*, 36, 1955.

5. Sur l'expérience dans la Mammoth Cave, voir les films et la revue de presse disponibles en ligne ; et Matthew Wolf-Meyer, « Where have all our naps gone ? Or Nathaniel Kleitman, the consolidation of sleep, and the historiography of emergence », *Anthropology of consciousness*, 24, 2013.

6. Bizarrement, dans un article plus tardif, Kleitman mentionne la fréquence de la formule en négatif (« tu ne feras pas... ») dans les dix commandements pour expliquer l'inhibition du cortex pendant le sommeil : Kleitman, « Basic rest-activity cycle, 22 years later », art. cit.

7. Pour des exemples d'isolement intégral et leur analyse, voir Gifford, « The prisoner of time », art. cit. ; Paul Fraisse *et al.*, « Le

rythme veille-sommeil et l'estimation du temps », *in* de Ajuriaguerra (dir.), *op. cit.* ; P. M. van Wulfften Palthe, « Time sense in isolation », *Psychiatria, Neurologia, Neurochirurgia*, 71, 1968 ; J. A. Vernon, T. E. McGill, « Time estimations during sensory deprivation », *Journal of general psychology*, 69, 1963.

8. Michel Siffre, *Hors du temps*, Paris, Le Livre de Poche, 1971.

9. Edith Bone, *Seven years solitary*, Londres, Hamish Hamilton, 1957, p. 115.

10. S. Gifford, « The prisoner of time », art. cit.

11. Voir J. Cotter Hirschberg, « Parental anxieties accompanying sleep disturbance in young children », *Bulletin of the menninger clinic*, 21, 1957. Voir aussi le numéro 8 de *The Nervous Child* (1949) sur les troubles du sommeil chez l'enfant.

12. Marie Darrieussecq, « Insomnie chérie », communication à la conférence CFAR, Londres, 8 juillet 2017.

13. Cité *in* Green, *op. cit.*

13. En dette de sommeil

1. Voir Handley, *op. cit.*

2. Voir Jean Delumeau, *Le Péché et la Peur. La culpabilisation en Occident,* XIIIe-XVIIIe *siècles*, Paris, Fayard, 1983.

3. *Now I lay me down to sleep / I pray the Lord my soul to keep.*

4. Thomas Nashe, *The Terrors of the night*, Londres, William Jones, 1594, p. 4.

5. George Herbert, « The Church-porch », LXXVI, *The Temple*, Cambridge, 1633.

6. Voir William Bouwsma, *A usable Past : Essays in european cultural history*, Berkeley, University of California Press, 1990.

7. Franz Kafka, *Lettres à Milena*, Paris, Gallimard, 1988.

8. Martha Wolfenstein, Nathan Leites, *Movie : A psychological study*, New York, Free Press, 1950, p. 200.

9. Voir Samuel Tissot, *An essay on the disorders of people of fashion*, Londres, 1771, p. 38.

10. Nathaniel Kleitman, « Studies in the physiology of sleep », *American Journal of physiology*, 66, 1923, p. 67, cité *in* Kroker, *op. cit.*, p. 216.

14. Sommeil et culpabilité

1. Voir M. West, « Ancestral curses », *in* Jasper Griffin (dir.), *Sophocles Revisited : Essays presented to sir Hugh Lloyd-Jones*, Oxford University Press, 1999.

2. Sigmund Freud, *Totem et Tabou* (1913), Paris, PUF, 2015 ; *Le Malaise dans la culture* (1930), Paris, Flammarion, 2017. Jacques Lacan, *Séminaire. Livre VIII, Le Transfert*, Paris, Seuil, 2001. Voir aussi Herman Nunberg, « The sense of guilt and the need for punishment », *International Journal of psychoanalysis*, 7, 1926.

3. Margaret Mead, Frances Macgregor, *Growth and Culture*, New York, Putnam's, 1951, p. 96 ; voir aussi Carol Worthman, Melissa Melby, « Toward a comparative developmental ecology of human sleep », *in* Mary Carskadon (dir.), *Adolescent Sleep Patterns*, Cambridge University Press, 2004.

4. Martin Buber, « Guilt and guilt feelings », *Psychiatry*, 20, 1957.

Remerciements

Quand j'ai commencé à travailler sur ce livre, mon sommeil s'est amélioré, mais au moment où j'en terminais la rédaction, il s'est beaucoup dégradé. Au contraire des sujets de mes livres précédents, le sommeil est très mal compris, et il m'a fallu des heures et des heures de veille pour essayer d'en résoudre les contradictions et les problèmes.

Je n'en ai sans doute pas résolu beaucoup dans ce livre, mais j'espère avoir soulevé quelques questions, bousculé certaines idées reçues, montré à quel point il est essentiel de repenser ce sujet, avec tout ce qui s'y rattache. Il y a encore tant à découvrir à propos du sommeil et du rêve, domaine de recherche vraiment passionnant et susceptible de dévoiler sous un jour nouveau comment fonctionnent nos corps et nos esprits, et leurs points d'intersection.

Des remerciements tout particuliers à Pat Blackett, Astrid Gessert, Olga Grotova et Mike Witcombe pour leur aide précieuse dans ma recherche, et à toutes celles et tous ceux qui ont contribué à ce que ce livre voie le jour : Josh Appignanesi, Chloe Aridjis, Devorah Baum, Susie Boyt, Lina Brocchieri, David Corfield, Vincent Dachy, Marie Darrieussecq, Bryony Davies, Jean Duprat, Elanor Dymott, Camille Germanos,

Anouchka Grose, Rachel Kneebone, Hanif Kureishi, Elliot Leader, Catherine Millot, Geneviève Morel, Susie Orbach, Boika Sokolova, Eleanor Tattersfield, Kristina Valendinova, Anabelle Vanier-Clement et Jay Watts. Ma gratitude va aussi à Julia Carne, Berjanet Jazani, Alexandra Langley, Anne Worthington et à tous les gens du Centre de recherche et d'analyse freudiennes, où nous avons organisé en 2017 un colloque stimulant et très animé sur l'insomnie. Chez Hamish Hamilton, Simon Prosser fut comme toujours un éditeur aussi incisif que compréhensif, et les commentaires de Hermione Thomson m'ont été d'un grand secours. Chez Wylie, Tracy Bohan est l'agente la plus avertie et la plus posée qu'on puisse espérer : grâce à elle, le long processus d'élaboration d'un livre est fluide et indolore. Merci à François Cusset pour son excellente traduction et, chez Albin Michel, à Emmanuelle Touati, pour la finesse de ses interventions.

Et merci encore à Mary, Jack, Iris et Clem de m'avoir dit ce que vous pensiez de ce livre – ou juste du fait que je l'écrive – et d'avoir toléré l'invasion de chaque pièce de la maison par une quantité invraisemblable de livres, de revues, de tracts ou de brochures en rapport avec le sommeil.

DU MÊME AUTEUR

Mains.
Ce que nous faisons d'elles, et pourquoi,
Albin Michel, 2017

Qu'est-ce que la folie ?,
Stilus, 2017

Bipolaire, vraiment ?,
Albin Michel, 2014

Au-delà de la dépression.
Deuil et mélancolie aujourd'hui,
Payot, 2010

Faut-il voler la Joconde ?
Ce que l'art nous empêche de voir,
Payot, 2003

La Question du genre,
Payot, 2001

Les Promesses des amants.
Sexe, amour et fidélité,
Odile Jacob, 1999

À quoi penses-tu ?
Les incertitudes de l'amour,
Odile Jacob, 1997

CHEZ LE MÊME ÉDITEUR

Claude Allard, *L'enfant au siècle des images*

Sabine Belliard, *La couleur dans la peau. Ce que voit l'inconscient*

Annie Birraux, *L'adolescent face à son corps*

– et Didier Lauru (dir.), *Adolescence et prise de risques*

–, *L'énigme du suicide à l'adolescence*

–, *Le poids du corps à l'adolescence*

Gérard Bonnet, *Défi à la pudeur. Quand la pornographie devient l'initiation sexuelle des jeunes*

Élisabeth Brami et Patrick Delaroche, *Dolto, l'art d'être parents. L'éducation, la parole, les limites*

Sabine Callegari, *La vie augmentée. Comment la psychanalyse change une vie*

Jean-Pierre Cambefort, *Famille éclatée, enfants manipulés. L'aliénation parentale*

Nicole Catheline, *Harcèlements à l'école*

–, *Souffrances à l'école. Les repérer, les soulager, les prévenir*

Pr Patrick Clervoy, *Le syndrome de Lazare. Traumatisme psychique et destinée*

Maurice Corcos, *L'homme selon le DSM. Le nouvel ordre psychiatrique*

Stéphane Crabié et Gérard Tixier, *Les abus affectifs, de l'enfance à la vie amoureuse*

Liliane Daligand, *La violence féminine*

Dominique-Alice Decelle, *Alzheimer. Le malade, sa famille et les soignants*

Patrick Delaroche, *La peur de guérir*

–, *Psychanalyse du bonheur*

Pierre Delion, *Tout ne se joue pas avant 3 ans*

–, *Écouter, soigner. La souffrance psychique de l'enfant*

Joëlle Desjardins-Simon et Sylvie Debras, *Les verrous inconscients de la fécondité*

Caroline Eliacheff, *La famille dans tous ses états*

–, *Puis-je vous appeler Sigmund ?*

– et Nathalie Heinich, *Mères-filles, une relation à trois*

– et Daniel Soulez-Larivière, *Le temps des victimes*

Mark Epstein, *Se libérer de la souffrance. Au-delà de nos peines quotidiennes*

Christian Flavigny, *Avis de tempête sur la famille*

Fernando Geberovich, *No satisfaction. Psychanalyse du toxicomane*

Dr Alain Gérard, *Du bon usage des psychotropes. Le médecin, le patient et les médicaments*

– et le CRED, *Dépression, la maladie du siècle*

Sylviane Giampino, *Les mères qui travaillent sont-elles coupables ?*

–, *Pourquoi les pères travaillent-ils trop ?*

– et Catherine Vidal, *Nos enfants sous haute surveillance : évaluations, dépistages, médicaments...*

Elsa Godart, *Je selfie donc je suis. Les métamorphoses du moi à l'ère du virtuel*

–, *La psychanalyse va-t-elle disparaître ?*

Claudia M. Gold, *À l'écoute des émotions de l'enfant. Chagrins, angoisses, colères et autres problèmes du quotidien*

Roland Gori et Pierre Le Coz, *L'empire des coachs, une nouvelle forme de contrôle social*

François Grosjean, *Parler plusieurs langues. Le monde des bilingues*

Jean-Michel Hirt, *L'insolence de l'amour. Fictions de la vie sexuelle*

Philippe Hofman, *L'impossible séparation entre les jeunes adultes et leurs parents*

–, *Le chien est une personne. Psychologie des relations entre l'humain et son chien*

Patrice Huerre et François Marty (dir.), *Alcool et adolescence, jeunes en quête d'ivresse*
–, *Cannabis et adolescence. Les liaisons dangereuses*
Jean-Marie Jadin, *Côté divan, côté fauteuil. Le psychanalyste à l'œuvre*
Simon-Daniel Kipman, *L'oubli et ses vertus*
Didier Lauru, *De la haine de soi à la haine de l'autre*
Pierre Le Coz, *Le gouvernement des émotions et l'art de déjouer les manipulations*
Pr Daniel Marcelli, *La surprise, chatouille de l'âme*
–, *L'enfant, chef de la famille. L'autorité de l'infantile*
–, *Les yeux dans les yeux. L'énigme du regard*
–, *Il est permis d'obéir. L'obéissance n'est pas la soumission*
–, *Le règne de la séduction. Un pouvoir sans autorité*
–, *Avoir la rage. Du besoin de créer à l'envie de détruire*
Anne Marcovich, *Qui aura la garde des enfants ?*
Jean-Paul Mialet, *Sex æquo. Le quiproquo des sexes*
Gustave Pietropolli Charmet, *Arrogants et fragiles. Les adolescents d'aujourd'hui*
Xavier Pommereau, *Ado à fleur de peau*
–, *Ados en vrille, mères en vrac*
–, *Le goût du risque à l'adolescence*
– et Jean-Philippe de Tonnac, *Le mystère de l'anorexie*
Laura Pigozzi, *Qui est la plus méchante du royaume ? Mère, fille et belle-fille dans la famille recomposée*
Jean-Jacques Rassial, *Pour en finir avec la guerre des psys*
Élise Ricadat et Lydia Taïeb, *Rien à me mettre ! Le vêtement, plaisir et supplice*
Renata Salecl, *La tyrannie du choix*
Eudes Séméria, *Le harcèlement fusionnel. Les ressorts cachés de nos émotions*

Serge Tisseron, *Comment Hitchcock m'a guéri. Que cherchons-nous dans les images ?*

–, *Vérités et mensonges de nos émotions*

–, *Virtuel, mon amour. Penser, aimer, souffrir à l'ère des nouvelles technologies*

–, *L'empathie au cœur du jeu social*

–, *Fragments d'une psychanalyse empathique*

–, *Le jour où mon robot m'aimera*

–, *Empathie et manipulations. Les pièges de la compassion*

Saverio Tomasella, *La folie cachée. Survivre auprès d'une personne invivable*

–, *Le syndrome de Calimero. Derrière la plainte, un sentiment d'injustice*

Jean-Philippe de Tonnac, *Anorexia. Enquête sur l'expérience de la faim*

Yvane Wiart, *L'attachement, un instinct oublié*

Jean-Pierre Winter, *Homoparenté*

Composition : IGS-CP
Impression : CPI Bussière en mars 2020
Éditions Albin Michel
22, rue Huyghens, 75014 Paris
www.albin-michel.fr

ISBN : 978-2-226-44426-4
N° d'édition : 23650/01 – N° d'impression : 2049678
Dépôt légal : avril 2020
Imprimé en France